识别 真伪 玉器 中国

张广文 著

辽宁人民出版社

© 张广文　　2016

图书在版编目（CIP）数据

中国玉器真伪识别：新版 / 张广文著. —3版. —沈阳：
辽宁人民出版社，2016.8
ISBN 978-7-205-08679-4

Ⅰ. ①中… Ⅱ. ①张… Ⅲ. ①古玉器—鉴别—中国
Ⅳ. ①K876.84

中国版本图书馆 CIP 数据核字（2016）第 182324 号

出版发行：辽宁人民出版社
　　　　　地址：沈阳市和平区十一纬路 25 号　邮编：110003
　　　　　电话：024-23284321（邮　购）　024-23284324（发行部）
　　　　　传真：024-23284191（发行部）　024-23284304（办公室）
　　　　　http://www.lnpph.com.cn
印　　刷：朝阳铁路印务有限公司
幅面尺寸：168mm×236mm
印　　张：12.5
字　　数：170 千字
出版时间：2016 年 8 月第 3 版
印刷时间：2016 年 8 月第 3 次印刷
责任编辑：那荣利　常　策
装帧设计：丁末末
责任校对：郭大方
书　　号：ISBN 978-7-205-08679-4

定　　价：60.00元

出版者的话

俗语说:"乱世黄金,盛世收藏。"改革开放给中国人民的物质生活带来了全面振兴,更使中国艺术品投资市场日见红火,且急遽升温,如今可以说火爆异常。据说,北京故宫博物院以2200万元人民币在拍卖行购得的起初传为晋索靖的《出师颂》,原收藏者是花5000元人民币在市场购买的;据报道,上海博物馆花450万美元征集到的北宋《淳化阁帖》,原收藏者是在香港市场花30万美元购进的……一个普通的杯子,它再有科技含量,也只不过几元或几十元而已;然而,同样是喝水用的杯子,倘若是康熙或乾隆用过的,其身价就会是几万或几十万元!艺术品投资确实存在着巨大的利润空间,这个空间让所有人闻之而心动不已。于是乎,许多有投资远见的实体与个体(无论财富多寡)纷纷加盟艺术品投资市场,成为艺术品收藏的强劲之旅,艺术品投资市场也因此而充满了勃勃生机。

艺术有价,且利润空间巨大,艺术品确实值得投资!然而,造假最凶的、伪品泛滥最严重的领域也当属艺术品投资市场。可以这样说:艺术品投资的首要问题不是艺术品目前价格与未来利益问题,而应该说是真伪问题,或者更确切地说是如何识别真伪的问题!如果真伪问题确定不了,艺术品的价值与价格就无从谈起。众所周知，以2999万元人民币成交的所谓米芾《研山铭》、以1800万元人民币成交的所谓张旭《十咏图》、以2200万元成交的传为索靖《出师颂》之所以在社会上引起广泛的争议，甚至闹得沸沸扬扬，首要的原因就是真伪问题。

为了解决这一问题，更为了在艺术品投资领域仍然孜孜以求、乐此不疲的广大投资者的实际投资需要，我们特邀请国内既研究艺术品投资市场、又在艺术品本身研究上颇有见地的专家编写了这套"艺术品投资市场指南"，以文图并茂的形式详细阐述了真伪艺术品的种类、特征、分布以及工艺等等。目的无他，唯希望钟情于艺术品市场的广大投资者能够多一点理性思维，把握沙里淘金的方式方法，进而缩短购买真品的过程，减少购买假货的数量。如果本"丛书"让广大的投资者在投资后多一点"高兴"而少一点"败兴"，我们会为之倍感欣慰。

辽宁人民出版社

前言

　　中国是盛产玉器的国家，自古而来制造了大量的玉器，其中的多数流传于世。制造仿古玉器是玉器行业中的长期传统，多以次玉、边角料为之，以牟取较高的利润。在这种情况下，玉器制造年代的鉴别就十分重要了。

　　关于玉器制造年代的鉴别，古人已进行了大量工作。宋吕大临《考古图》录古代铜器、玉器224件。元人朱德润《古玉图》不仅录了大量玉器，同时还考其年代。清代官廷在收藏古玉的同时，也进行了古玉的真伪识别。前人的许多鉴定是专业化的，对一些作品的时代判断也是准确的。

　　20世纪初期，中国社会的进步推动了文物鉴定业的发展，古玉鉴定也出现了新的面貌。从事这一工作的有文物工作者、收藏家、古玩商人，各类人员依据自己的知识，从专业角度出发，研究鉴定问题。这其中，现代考古学的发展，为古玉鉴别提供了科学的方法，大量考古发掘资料为古玉鉴别提供了实物依据。

　　玉器与石器皆为矿物质材料制成，制造年代的判断要依材料特点、工艺、造型、花纹特点、发现时的周边环境、所在处的文化背景综合考虑，这就离不开对标准器的考察和对所鉴器物的观察，同时还要注意辨伪，识别仿制品。鉴定工作需要的是综合能力，最忌的是一知半解，对古玉的认识仅停于表面，不进行细致的分析了解。一些人从事文物活动多年，却不能正确判断真品与仿制品，其原因也在于此。

一些商家为了利益上的需要，往往将次玉进行染色，之后再编造出许多关于古玉神乎其神的说辞。因此，鉴定者要避开迷雾，从实际出发，从考古及古文化的实证出发，科学地研究玉器，对次玉以及重色、重蚀之器的一定要慎重对待。

不了解古玉作假的情况也是不能很好地鉴定玉器的。一般地说，假古玉的生产情况较为秘密，不肯示人，鉴定者应多从作品中知其情，这就要对所见的作品进行记忆，增加知识积累。例如，笔者曾于某拍卖公司拍卖图录中见有几代玉器，材质、斑色如一，这种情况于古玉器中几乎不可能，故判定为人工做色。

玉器市场是不断发展变化的，新情况层出不穷，鉴定玉器不能脱离市场情况的变化，也要与时俱进。

张广文

2003 年 8 月 26 日

目录

一、玉器鉴定的意义与方法

　　如何识别古器物，自古便为人们关注。这一问题同人们对古文化的崇尚相关联，同人们对古器物的收藏、使用关系密切，也是人们研究历史、了解历史的需要。我们现在还不能明确古器物的收藏使用始于何时，但红山文化出土的玉器中有断裂后重新打孔系结的玉佩，河南殷墟妇好墓出土有属新石器时代制造的玉器，这一现象说明，在商代，人们已经进行了古器物的收藏与使用。现在我们还不知道商代人如何认识这些旧器物，是看到了器物的实用性，把它作为一般器物使用，还是了解了器物制造的时代，把它作为具有某种象征意义的器物持有，但新石器时期到商代中晚期相隔着相当长的时间，在这样长的时间内玉器保存得完好无损，可见是一种有目的、有识别的收藏。

　　《春秋穀梁传·定公八年至十年》记："宝玉者，封圭也。大弓者，武玉之戎弓也。周公受赐，藏之鲁。"这一现象表现出当时的社会对于玉礼器的使用与收藏的重视，表现出使用玉礼器的制度化，各种祭祀礼仪活动中已有的用玉形式，及对已用过的器物的保存、收藏。有迹象表明，商、周使用的玉礼器中，包含有古代遗留下来的旧物。有材料表明，春秋战国时期已存在着对旧器物的识别、仿制。这一时期出现了发达的农业及手工业，经济快速发展，社会财富增长迅速，社会生活发生了巨大变化。尤其是领主、富商、官吏手中聚集了大量财富，器物的使用量增大，其中就有对旧器物的收藏与仿制。江苏吴县发现的窖藏春秋玉器中藏有属良渚文化风格的玉璧，河南春秋时期黄君孟墓出土玉器中的人首形器带有明显的仿古风格，这些都表明了古器物的收藏与仿制的存在。只要有收藏与仿制，就会有鉴别，古器物收藏与仿制的历史同样反映着古器物鉴别的历史。

（一）玉器鉴定的重要性

玉器鉴别是古器物鉴别的一个组成部分。它的出现时间非常早，有独立的方法，古人很重视。在现今的条件下，玉器鉴别的重要性更加明显。玉器鉴别的意义主要表现在下列几个方面：

❶ 有大量古玉器流传于世，需要进行鉴别

我国是崇尚玉器的国家，约有八千年至一万年使用玉器的历史。用玉传统悠久，同时，玉器的使用量也非常大。浙江省考古所在对浙江余杭县反山、瑶山良渚文化遗址进行发掘时，发现到的玉器超过千件，**图 1、2、3** 在其他良渚文化遗址中也发现了大量的玉器。商代遗址殷墟妇好墓中出土的玉器有七百多件，山西西周晋侯墓地出土的玉器也有数千件。这些情况表明，大量使用玉器并非一朝一地之事，而是贯穿于历朝历代之举。

在材料特征上，玉材又有其特殊性。同陶瓷材料相比较，玉材不易破碎。即使破碎后，人们也不会像对待瓷片那样将碎玉丢弃，而是进行修改后重新使用。商代玉器中有大量的弧形动物，其中很多都是用残断玉环再制的。可以看出，玉器是历史长、用量大、耐使用、更新换代慢、淘汰率低的产品，同时它又流传广泛。我们很难估算出古

图1　良渚文化　兽面叉形器

图2 良渚文化 玉锥形器

图3 良渚文化 玉三节筒式琮

往今来人们制造了多少玉器，但可以肯定，数量非常之大。而就其材料特点来看，因自然损坏而消失的作品较其他器物而言要少。大量的玉器被人们视为珍品而传递，在某些家族中，传送了几代的玉器是常见的。

　　同其他器物一样，很多玉器被当做随葬品埋入了地下，这也是墓葬遗址的发掘所证实的。但自古而来，盗挖古墓葬的现象一直很严重。一些地区的古墓葬，十墓九空，墓中器物早已又经人世。一般来说，古墓葬中器物多为有机物，易腐烂。经年而不朽的物品主要是瓷器、金属器、玉器，而这些器物中，瓷器易破损，贵金属则往往在传世过程中被熔炼而改铸新物，唯玉器被破坏的可能性较小，且古人多有说道，认为凡经墓葬埋过的玉器，不惟无恶无邪，反而更增神道，色彩斑斓，土咬尸浸，成为避邪压胜的良品，备受青睐喝彩。因而有相当数量的随葬玉器出土后又流传于世。

　　传世玉器中有相当数量的古玉，又有相当数量的仿古玉，这便是传世玉的现状。流传在世的玉器需要鉴别有下列原因：首先，人们很难知道传世玉器的准确年代。玉件一般都很小，上面又没有文字，也很少有相伴的参照物。多数持玉者，以至某些藏家，并不知道自己所持玉件的准确年代，这就需要进行鉴别。其次，玉器的仿制非常普遍，仿制古玉和制造假古玉是玉行中的重要内容。尤其是古玉市场出现后，假古玉的制造更为普遍。假古玉的用料次，工艺简单，冒充真古玉出售则能卖很高的价钱，有暴利可图。另外，一些玉匠本身的艺术修养差，不肯下工夫设计好的作品，也参照古玉或其他玉件进行仿制。因而在传世玉器中或玉器市场上，玉器真假混杂，好坏混杂，购买者需要对所收玉器进行鉴别。

❷ 发掘到的玉器需要进行分析、识别

我国古代盛行厚葬。在一些时期，一些地区实行着制度化的葬礼，墓葬中的器物按照入葬者的身份设置。在一些情况下，墓葬中的器物与入葬人的财富占有量与自身爱好有关。在发掘工作中，往往会出现墓葬中随葬物品较多，其中含有许多前代器物的情况。又由于玉器的更新换代慢，前代器物备受重视，墓葬中出现前代玉器或古玉的现象时有发生。这种情况在明代之后的大型墓葬中常能见到。因此对发掘中出现的玉器也要进行分析，确认出土玉器的真实年代。

❸ 通过鉴别确定玉器的价值

鉴别玉器的直接目的是确定玉器的材料、艺术性、制造年代、使用方法，揭示它所代表的历史、文化内涵，从而肯定它的价值。从历史上看，收藏玉器是经济繁荣后人们的一种自然选择。近数百年来人们对古玉的收藏热情更加高涨，这里面包含着巨大的价值追求。同时，假古玉制造的规模也不断扩大，真假古玉之间存在着巨大的价值差别。这种差别的识别也要通过鉴定来完成。

以上所言为玉器鉴定的意义。玉器鉴定重要性推动着玉器鉴定方法的探索和发展。宋代吕大临摹《考古图》，元代朱德润著《古玉图》，以古器物进行著录、研究。书中收录了一些玉器，而且进行了说明，从中可以看出宋、元时期人们进行的古玉收藏与识别活动。图录所收作品虽有古玉，当代作品也有一定数量。图案中没有对古玉进行作品年代的科学划分。因而可以认为，宋、元时期，玉器的鉴定方法尚未成熟。明代的古玉鉴定情况在《格古要论》《遵生八笺》等书中都有反映。明早期曹昭所著《格古要论》是专门指导人们进行古器收藏的著作，带有识别器物真伪的内容，但在玉器的时代划分上，没有确定明确的类型特点。《遵生八笺》著于明

晚期，书中谈了很多旧玉和古玉作伪的情况，反映了明后期人们对古玉的认识。

清代玉器的鉴别情况，反映在清代人的论玉著作中及清代宫廷档案里。清代人论玉，散见于清代的文人笔记中，又有专门的论玉文章、著作，所论鉴别玉器的真伪，以陈原心《玉纪》，刘心白《玉纪补》最有影响。其中谈了很多玉的材料、古玉的色彩、制造古玉的方法、识别方法等内容，非常的专业且系统化。清代宫廷档案记载了宫廷中古玉贡入、分类、鉴别、收藏的情况，从中可以看到对玉器的三代玉、汉玉、唐宋玉的划分，对玉器做旧、染色的研究及辨伪情况。

20世纪以来，古玉鉴别的研究加快，20世纪前半叶，从事古玉鉴别的主要是收藏家、文物商人及少量的考古工作者，后半叶随着考古研究的发展及博物馆、考古所专业人员的扩大，专业工作者利用考古学的方法来研究古玉鉴别，使玉器鉴定纳入了科学的轨道。

（二）鉴别玉器制造年代的主要方法

玉器鉴定的基础认识来自对考古发掘资料的研究。近数十年，我国田野考古取得了丰硕的成果，尤其是以墓葬为单元的文化遗址中发现了大量遗物，几乎各不同时代、各历史时期的玉器都有出土。这些玉器有明确的时代特点和文化特点，为我们了解各个时期或地区的玉器提供了准确的材料。 图 4~16

图4　江淮地区原始文化　兽面纹玉饰

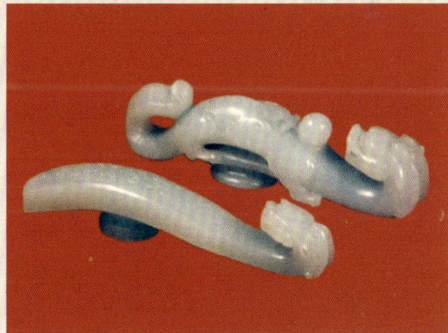

图5　清　玉带钩

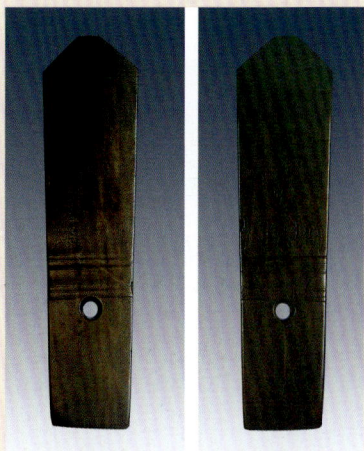

图6 新石器时代龙山文化 鹰纹玉圭

图7 唐 蔓草、谷纹璧

图8 良渚文化 多节玉琮

图9 红山文化 "丫"形玉饰

图10 夏 兽面纹柄形玉器

图12 商 弦纹内缘凸唇璧

图13 战国 龙首玉璜

图11 西周 鸟纹柄形玉器

图14 汉 玉璧

图15 明 双凤玉佩

图16 宋 鹤鹿文玉饰

　　玉器鉴定过程中要对被鉴定的玉器进行不同内容的类型分析与对比，因而掌握有关资料的全面性及对比方法的科学性是非常重要的。在进行玉器鉴定前要做大量的准备，要积累经验，掌握资料。

　　玉器鉴定前的一项基础工作是对玉器的考古发掘材料进行整理、排比、分析，这是玉器鉴定工作者必须亲自做的。在进行资料研究时要注意下列几点：第一，全面掌握材料，尽量避免遗漏。文化遗址中遗存的玉器同当时社会所能提供的玉器相比，数量毕竟很少，考古发掘到的玉器又是文化遗存中的一部分，在这样的基础上进行玉器的时代类型特点概括，基础已经很薄弱，可能会出现很大的误差。如果对现有材料不能全面把握，也就很难正确地把握古玉的类型特点。第二，要细致地分析和观察现有材料。科学地把握材料，以取得正确的认识。玉器鉴定水平的高低，往往取决于对古玉类型特点的把握。能否正确地把握古玉的时代特点，又往往取决于对考古资料的观察与分析。观察的目的，不仅要看到大家都注意到了的玉器的一般时代特征之处，还要看到被人们忽略了的局部，且能进行普遍意义上的概括。观察已知古玉器所得到的认识，在识别传世古玉时是非常有用的。

观察分析考古发掘材料的途径主要有两条。一是到博物馆去看展品。要准备一个放大镜，认真地、一点一点地看。一些鉴定文物工作者谈到研究古玉时常讲要"上手"，也就是拿在手中一点一点地看。研究古玉器的学者，到博物馆将两三件作品看几个小时是常有的事。同样，一些制造仿古玉的高手，到博物馆，花几天时间看一两件展品也是常有的事。由此可知看展品的重要性。二是要通过文献与图册进行古玉类型特点的归纳。因为博物馆的展品往往是局部作品，不可能把各地区的同时代作品集中于一处，也不可能将一地区某一时代的作品全部展出，通过文献扩大信息量是必要的。在进行古玉时代特点归纳时，要排出不同器物的时代发展序列，了解器物在发展中的演变，各发展过程中的特点，不同时期的区别点。不了解区别就无法鉴别。目前的条件下，文献与图册对于研究工作是非常必要的。要独立进行古玉器的特点归纳。因为玉器鉴定过程对于每一位鉴定者来说都是个人行为，要独立地拿出自己的结论，在此基础上进行多人之间的协作。如果没有独立进行过古玉类型学研究，人云则云，就很难有独立的识别、鉴定古玉的能力。但是在独立归纳时，要注意结论的准确性，对于任何结论都要有足够的鉴定支点。常见到一些鉴定者，在事业上摸爬多年，但想法离奇，不着边际，多方劝告下亦不知反思。此种不能同外界交流，不能听取不同意见，不能随着资料的发现而修正自己原有认识的鉴定者，也难取得正确的鉴定结论。

玉器鉴定的另一个基础，是对个体玉器的熟知。必须记牢一定数量的典型作品。玉器鉴定过程中，形象化判断是非常重要的环节。在这一判断过程中，很少以抽象的概念出发做出结论。鉴定者往往要根据记忆中的典型作品进行比较。最初的判断多是这类作品是否出现过，也就是"见过"或"没见过"，其后是"特点对"或"特点有疑问"。在此基础上进一步分析才能做出结论。不熟悉一定数量的代表作品，就难进行这样的比较。一般说来，玉器鉴定者在最初阶段，需牢记一二百件作品的特点，包括材料、造型、颜色、纹样、加工方式等方面。如果进一步的话，要把这些作品的典型特征进行排比，形成类型发展的序列认识。

除了对古玉的类型特点把握外，还需要掌握古玉作伪的方法，了解假古玉的特征。在这一基础上进行古玉真伪的鉴定。在鉴定过程中经验、见识起着重要的作用。鉴定的主体要凭借已掌握的知识进行分析判断。鉴定一件玉器的年代，首先要确定作品的类型归属，明确作品具有的时代特点。具体地说，要进行造型、纹样、制造方法方面的判断。这里要注意玉器各方面特点的一致性，就是说从各个角度来判断，得出的结论应有一致性，应为同一时代、同一地区的玉器特点，不能关羽秦琼，多特征拼凑。如果出现了不同，则要另行分析，将以最晚的时代特征为基准。在得出初步的类型归属意见后，便要进行真伪的判断。这时，同样需要进行造型、纹样、材料、加工工艺方面的分析，还要判断是否有人工伤残、人工染色、人工做旧。这时，有关古玉作伪方法方面的知识，所见过的假古玉特点的了解，就显得非常重要了，由于假古玉的制造方法太多，目前又无专门部门进行假古玉标本的归纳，进行重要鉴定时，鉴定主体要自备举证方法。因而有条件的，要进行有关的资料整理。

判定古玉真伪是非常困难的。鉴定者往往遇到三种情况：在短时间内能明确作品为古玉；在短时间内能判定作品为假古玉；短时不能做结论，对作品真伪要进一步研究。判定古玉真伪时，要注意下列几方面。

1．对玉器材料进行识别。古代使用的玉材是多种多样的，尤其是新石器时代到商代的几千年里，多种矿物被用来制造玉器，这一时期的矿物质加工的非实用生产工具类器物都可能是玉器。因在当时，玉器用材的统一标准尚难建立，只是就地取材。玉材的使用是各方面的。而同一种玉材，在色泽上又千变万化，古玉的制造便是在这种多种矿物、同一矿物的多种表现中取材。但玉材的选择又受到地域的限制，有很大的局限性。商代以后，玉材标准趋于一致，但每一时代的玉材选择都要受条件的限制。主要是开采条件不能超越矿物分布条件，特定时期的玉材用料，只是某些矿物的特定部分。这一部分玉材往往区别于同种矿物的特定特点。这就需要认真研究、观察、掌握。

2．制造风格的统一性。每一时代的玉器在造型、纹饰和反映的文化内容上都有自己的特点，即所谓时代特征。对于一件玉器，它的制造时代一般只有一个。少量的可能被二次改动，因而在这些特点上要有统一性。

3．加工特点的判断。几千年来的玉器制造，基本上是用砣具进行的，变化不是很大。但加工方式上，每一时期都有自己的特点，鉴定家称为"刀工"。据刀工判断玉器制造年代，鉴别真伪，是鉴定过程中必须进行的。

4．依据玉色判断新旧。玉器制成后，玉表面因暴露于空气中，或埋于地下，或经人体接触，或其他原因，会产生颜色变化。邓淑苹先生对此多有研究。"水料经次生氧化产生的秋灰色"，有关此点最早是由台北故宫的老前辈那志良先生提出的。他清楚地描述："玉子本色，水是白的，大水时玉子随流涌出，水落之后……玉面生出一层淡赤色的膜来……台湾大学的一位地质学家告诉我，他们在河床中采集玉璞时，观察到一个现象，淹没在水中的部分，常保持玉子的原色，而赭色的薄膜多生成于露于水面玉上的部分。"另外，故宫博物院存有一部分明代玉带，为典型的明宫遗存，未曾入土，其中一些素带版，表面已成旧色，同新玉作品有明显的区别。其原因在于长时间的空气氧化。这些表明玉材表面是可以出现新旧变化的。但这种变化非常缓慢，且受到多种因素影响，色泽多种多样。如果把玉器置于较为封闭的状态下，颜色变化就会更加缓慢，个别考古发掘到的战国之前的玉器，如湖北战国早期曾侯乙墓出土的一些小玉件，河南春秋黄君孟墓出土的某些玉件，由于在墓中处于封闭状态且自身不易受墓中浸泡的影响，产生的颜色变化就非常不明显。

5．要注意玉器的体积。一些时代的玉器在体积上大致有一个体积的变化范围，特殊的小或大的作品为假古玉的可能性就很大。

以上是判断玉器新旧真伪的大致要点。进行判断的出发点有两个。第一个是自己已掌握到的古代玉器的特点。依此对被鉴定的玉器进行判断。第二个是自己掌握的作伪方法。应该注意的是，目前古玉做旧的方法非常多，而且效果同真古玉的旧色又非常接近，这就给鉴定带来了困难，需要认真研究和对待。

（三）要识别各时期玉器的仿制品

对古玉进行鉴定，主要包括对作品的玉材名称、用途、工艺水平高低、所具价值及制造年代的确定。其中最重要的是作品制造年代的确定。一般来看，不同时代的玉器在造型、图案、纹饰风格方面有所不同。如果熟悉了各时代玉器的艺术风格，便能识别出许多作品的制造年代。仿古玉的出现，使玉器鉴定复杂化了。所谓仿古玉，即按照古代玉器的造型、纹饰、艺术风格来制造玉器，有一些仿古玉还进行了做旧处理，制造的目的是为了冒充古玉，高价出售而获取暴利。这样，仅仅依据艺术风格来判定玉器的制造年代就不行了，往往把仿古玉看成真古玉。要把它们区别开来，还需要依据玉色、沁色、加工特点、光泽等多方面特点进行综合判断，才能确定一件玉器的真伪。

鉴定古玉，就要了解历代玉器的特点。这些特点包括玉色、沁色、加工特点、纹饰特点、造型特点等诸多方面。这就需要参看有关方面的书籍，参加有关的讲课，了解人们掌握玉器特点的方法，并能初步地了解一些器物的特征。另外要亲自观察古玉器，看一些博物馆或私人收藏的各时代玉器的标准器物，要把观察到的各种特征牢牢记住。观察能力强的人，鉴定古玉的能力就可能高，但是，能够见到的博物馆的藏品是有限的，因而观察标准器时，不妨再看一些图录。对一些重要的、具有典型意义的器物，要牢记其特征，以便在识别具有类似特点的玉器时能进行比较。

最常见的仿古玉是仿新石器时代、仿商周、仿战国及仿汉代玉器，因为这几个时代的玉器较多、较常见，市场价值也较高。新石器时代红山文化分布于我国东北地区，距今约有五千年，遗址中发现的玉器主要有兽首玦、箍形器、云形器、鸟、丫形器及其他多种动物。红山文化遗址玉器的大量发现在近十几年，红山文化玉器的高潮也是近十几年才出现，所以在20世纪70年代以前收集到的红山文化玉器，多数为真正的红山文化玉器，而近几年收集的则多有疑问。

二、玉器的加工工艺与玉器鉴定

　　识别玉器的加工工艺是鉴定玉器制造年代的重要一环。所谓工艺，藏家又称"做工"或"刀工"，也就是加工方式，表示是用什么样的方法将作品制造出来的。玉材为矿物质原料，具有很高的硬度。一般的闪石类矿物，硬度在6～6.5度。石英岩类材料的石髓、玛瑙，硬度达到7度。加工这样硬的材料，用剔刻方法很难进行。找到能够刻玉的硬石已属不易，把玉料剔刻成形就更困难了。同样，用打击、凿击的方法也很难进行。首先是不易使打击对象造型准确，其次是不易使器物表面平整，更难进行光泽处理。因而玉器的加工具有特有的加工方式。中国新石器时代玉器的高度发达，同掌握了先进的治玉方法有直接关系。新石器时代玉器多数为小件作品，也同加工方式的局限性有很大关系。

　　中国治玉工艺的发展可划分为磨、琢阶段，人工琢玉阶段和电动琢玉阶段三个发展阶段。三个阶段的核心工艺都是琢玉技术。所谓琢玉就是用砣机带动砣轮转动，在砣轮上加水和硬沙，把玉材磨成需要的形状。大量材料证明，这一技术产生于新石器时代，同手工磨玉并行了很长时期，砣具与动力系统不断改进，逐步发展为现代治玉工业。

　　制造玉器的加工过程可以分解为开料、制胚、成型、钻孔、镂刻、起花、上光等主要工艺。不同的时代，使用的工具不同，各项工艺的精度不同，这就构成了玉器加工的时代特点。在鉴定玉器时代时，加工特点的识别，往往决定鉴定的成功、准确与否。对玉器进行制造工艺鉴定时要注意几点：A.用何种工具开的料，切割痕的特点。B.钻孔的形状，孔壁的加工痕。C.切削所用工具的特点、手法。D.磨痕的走向。近人研究玉器，采用了加工痕迹学之说，可见对加工痕迹的重视。

（一）新石器时期的玉器加工

新石器时期的玉器制造持续了数千年。从对新石器时期玉、石器的加工痕迹进行分析，可以得出认识。新石器时期的治玉，主要采用了线切割、磨玉、琢玉等项技术。线切割使用的为有机物纤维，磨玉使用的为石质工具，琢玉工具主要为石质砣具，有少量的金属砣具，而其中起主要作用的是石质工具。

《诗经》中有"他山之石，可以为错。他山之石，可以攻玉"之句，又有"如切如磋，如琢如磨"之句，讲的都是玉器加工。"错"是指砺石，磨石。前句讲的是用石质工具来加工玉器，后句诗讲的是加工的方法。石质制玉工具在新石器时代开始使用，一直延续到商周时期，部分为金属工具所取代，到了西周晚期才完全不被使用。可见石质治玉工具使用的时间非常长，有数千年的历史。

石质治玉工具可以分为两种。一种为手动工具，用来拿在手中磨玉；一种为转动工具，是固定在旋转的轴杆上，轴杆转动带动工具转动磨玉，古人称之为琢玉。

手工磨玉是一种操作简便的加工方法，只需单人便可操作。主要有磨平面、磨槽、磨较大的凹凸沟榫等，以用刃状器磨长槽最为明显。手工磨制的阴线槽，宽度不甚均匀，槽底部较平坦，或有很小的弧形变化，线槽两侧的上棱不甚方正。琢玉则可依据需要选择不同形状的砣头。操作时需要有轴杆带动砣头转动，轴杆要用支架支于操作台上，轴杆的转头还需有动力因素。在新石器时代，琢玉时可能采用过双人操作，即一人转动轴杆，另一人砣磨玉件。

新石器时代玉器加工大致采取以下几方面的技术。

开料：开料是在较大的材料上取下一部分，适合加工所需件的工序。新石器时代玉器加工中还有少量敲击方法。主要方法是线切割及片切割，也就是锯料。线切割进行切割时，需用麻绳或其他较软的线性材料，两端固定在弓形架具上，在玉料上反复拉磨。但绳类材料是不能把玉磨断的，需要在拉磨部位加上适量的水和沙，增大摩擦力，才能把玉料锯开。新石器时代开玉锯弓不能固定于机具上，只能手工操作，因而锯痕不很平直，在加工过的器物上往往会留下较深的弧形切断痕。

又因为所用绳线较粗，所以切割痕是较粗糙的弧形。这种切割痕在红山文化、良渚文化、大溪文化、安徽凌家滩新石器文化遗址中的玉器上面都有发现。另外，西北地区石器时代玉器加工中，对片状玉切断往往采用在切口两面磨出对应的线槽，然后敲击折断的方法，这种方法是用片状石片进行的，又称为片切割。

钻孔：新石器时代的玉器多数都是有孔器物。这些孔可用来穿绳悬挂或捆绑于木柄之上，由于绝大多数玉器都需要有捆扎孔，所以钻孔是非常重要的技术。鉴定玉器所需要了解的是钻孔的方法和孔的形状特点。新石器时代玉器的钻孔方法不能摆脱当时的生产力及生产条件的限制，因而具有较为统一的钻孔方式。但各文化区的玉器加工中采用了不同的方法和技术，因而钻孔方式和孔洞形状上是有所区别的，需要认真地进行分析比较，一般来看，新石器时期玉器钻孔使用了柱状钻具，大约有木质、竹质、石质等几种。从一些作品上的加工痕迹看，钻孔使用了金属工具，钻孔时转动钻具、加水、加沙进行钻孔。钻具转动时，可能使用了弓形器拉动长绳，长绳缠于钻柱，带动钻杆转动。另外新石器时代玉器钻孔还可能使用了砣机，用针形或锥形砣头钻孔。孔的形状因玉器分布的区系不同而有变化，需要进行细致的分类研究。大致可见到的有孔的一端直径略大于另一端的马蹄状孔、孔的一端呈喇叭形的喇叭孔、孔芯细而长的管芯状孔、孔径变化极小的标准形孔。孔的内壁亦可分出几种：①有对钻留下的错磋。②孔壁呈光滑的内凸状。③孔的口部有叠压磋，不是一钻到底的。④孔壁带有螺旋纹。⑤孔壁光滑平直。

镂空：能见到有平面镂空及立体镂空两种。平面镂空（又称透雕）技术见之于东北红山文化及江南诸文化遗址。镂空方法主要有两种。一种是用环形砣具在玉片两面对琢，使玉片上出现条形孔洞。有时将几个条形孔洞重叠，镂出其他形状空洞。另一种是在玉片上钻出孔，穿过绳线再进行拉磨。立体器物的镂空主要见于红山文化玉器，又以马蹄形器最为普遍，操作时，应事先钻出通孔，穿过长绳进行拉磨。

花纹：新石器时代的玉器很少带有线条的装饰纹。但少数作品的纹饰非常精致，纹饰有凸线装饰纹与阴线装饰纹两种。

在红山文化遗址出土的玉蝉上饰有凸线身体分节纹。山东龙山文化遗址出土的玉质头簪上部为片形镂空兽面图案。下部为长簪，长簪为柱状。其上有多道凸起的箍形装饰。另外，两湖地区的石家河文化遗址出土了玉制人面饰件。人面纹的部分结构是由凸线纹组成的。这些玉器上的凸线纹看起来比较简单，是用砣具减地的方法制出的。另外在一批传世的及个别略晚一些时期出土的，带有鹰鸟纹图案的新石器时代的玉器上，带有较为复杂的凸线纹装饰。

新石器时代玉器上的阴线纹装饰，按其制造方式可分为两类。一类为手工刻画，主要见于良渚文化玉器上的人面纹、兽面纹。人面或兽面的嘴部，往往饰有细阴线刻出的装饰回纹。刻回纹的工具，应为坚硬的石英岩制成的刻刀。另一类为砣片砣出的细线纹。山东大汶口文化遗址出土的人面纹玉饰、日照两城镇发现的属龙山文化的玉圭、安徽凌家滩发现的双虎头玉璜，上面的纹饰都是用极薄的环形玉砣具砣出的。

（二）夏、商、周时期的玉器加工工艺

夏、商、周时期的玉器加工技术，较新石器时代有了很大进步。主要原因是金属工具的使用。玉器加工，除了石质工具之外，还使用了金属工具。这一时期的玉器加工属于金石工具并用期，且金属工具逐步取代石质工具。一些作品上留有金属工具痕迹的同时，往往还残存着使用石质工具的痕迹。制玉中的主要工序特点如下。

开料、切割：开料、切割是采集到矿石后进行加工的第一道工序。新石器时代已经出现了对玉料进行线切割的技术。从切割痕上看，使用的线绳较粗。切割方向不甚固定，属于用手工线弓子锯料。但陕西龙山文化玉器的开片技术却不同。从玉刀、玉璋上遗留的直线形切痕上看，可能使用了薄形刀具，加水、加沙用片切割的方法锯料。商代玉器中出现了很多薄片形作品，这些作品体形较大，厚度很小，表面又很平整，主要表现在玉戈、玉璧等礼器上。这些玉器的开片说明加工时使用了金属线，因为生物制品的线绳不耐磨，用细线则不能进行较大直径的切割，而没有较细的线绳则不能开出较薄的玉片。从作品表面的平整程度看，开片是在玉料固定及切割线路固定的情况下进行的，因而是使用简单的切割机械进行的。

钻孔：夏、商、周时期玉器的钻孔方式，呈现出较为复杂的现象。一些孔径较大的作品如琮、箍等，孔洞制造得非常工整，河南偃师二里头遗址出土的玉箍壁部非常薄。江西新干大洋洲遗址出土的商代玉琮也呈薄壁状。很多现象表明，夏、商、周治玉的钻孔技术有了很大的提高。很多玉器上的孔是用金属钻或金属实心钻钻成的。管钻琢出的孔孔径变化不大，管壁平直。金属实心钻琢出的孔一端孔径略大，另一端孔径变小，这类小孔，非金属钻头不能琢出。夏、商、周时期很多玉器的孔洞仍保留着新石器时代玉器孔洞的特点，尤其是用来穿绳系捆或悬挂的孔，孔径变化大，一端呈喇叭形，可能是用木质或石质棒形器钻出的。

镂空：夏、商、周玉器中很少见有镂空作品。尤其是夏、商两代的玉器，仅有少量的片状器或筒状器上带有空洞。出现这种现象的原因，在于商代玉器琢纹技术的发达使带有纹饰的玉器成为时尚，饰纹玉较透空玉件更受人喜爱。

饰纹：夏、商、周时期玉器纹饰的加工采用了金属砣具，纹饰一般为阴线、较浅，很少出现用平面减地的方法制成的凸线线条。

边饰：边饰主要出现在夏、商玉器中，主要表现为对器物边缘进行加工，使其形成复杂的凹凸形状。商代玉器边饰可分成两种，一种是凹凸形的装饰边带，呈二方连续图案状，既用于某些平面形状的玉礼器、玉动物的边缘，也用于某些立体玉雕动物的脊背。另一种是动物形玉件的边缘或表面，随所琢玉件的动物造型进行边缘变化。据分析，一些商代玉器的边饰是用非金属砣具琢出，砣轮略大。

（三）战国及其后的玉器加工工艺

战国属东周后期，由于铁器的大量使用，经济发展迅速，玉器加工技术有了极大的提高，成本低、韧性及耐磨性强的铁制砣具几乎完全取代了石质砣具。目前见到的战国环形片状玉器几乎都琢有纹饰，作为工具使用已成为不可能。开片规矩、形状准确、钻孔标准、饰纹华丽是战国玉器制造中极容易做到的事。如果不能做到，也绝不是因为工具方面的障碍，而是技术及熟练程度的原因，玉器加工工艺出现了全新的局面。在其后几千年间，基本加工方法一直处于铁制砣具状态，但每一个时期的具体加工技法又不尽相同。总体上看，是玉器生产规模不断扩大，技术不断改进，各时期特点不同。

开料：采用细铁丝加沙、加水锯料的方式，操作时将玉料固定，然后用铁丝在玉料上反复拉磨，将玉料锯裂，并使锯缝延预先画出的墨线前进。这种锯法一般用于开片、断料及最初的玉件成型。一些战国到汉代的玉器上能够看见锯料时留下的痕迹。这些痕迹有些呈弧线状，有些呈直线状，开薄片料的锯痕以直线痕为常见。少量作品用砣片开料，留有直线开料痕。

钻孔：战国以后，钻孔技术在玉器制造中使用得更加广泛。管形钻头的广泛使用，大大提高了玉器的加工能力，使钻孔不仅用于孔洞的处理，还运用到镂空、掏膛、饰纹等制玉工序。在各历史时期，这些工序使用的钻孔技法又各有特点。掌握这些特点，对识别玉器的真伪是很有必要的。战国之前玉器钻孔的情况前面已有所介绍。战国至汉代，玉器上的钻孔常见的有几种。A.细长的通孔。常见于小的玉佩件。有些长度达十几厘米，两端间对钻的通孔，孔径可小到两毫米之下，但孔径变化不大。钻这类长孔，可能应用了细而长的管形金属钻，也可能是在金属钻的头部焊有硬度极高的钻石。B.系孔。主要施于小型玉佩件。一般情况下，钻孔圆而周正，孔两端棱角分明。早期的一些玉件穿孔的直径略有变化，呈锥形，个别玉件上的系孔不是从正面穿透的，而采取了特殊形式。例如：新石器时代凌家滩遗址出土的玉人，其上有孔用于悬挂。为了不破坏玉人正现形象的完整性，制造时，玉人的背部略厚，在玉人背部平面上钻出两个斜孔，呈"人"字形交合于玉人体内。这两个斜孔都呈锥状。这种交合式孔又称为"蚁鼻孔"，就是说孔很细小，像两个鼻孔，内部通连。这种蚁鼻孔在新石器时代玉器上已被较多地运用，而在其后时代的玉器上也被广泛运用。在汉代玉人上也有一种"人"字形孔，孔洞不是同平面垂直，而是同器物表面平行。"人"字有三个开口，一个在人的头顶，另两个在人的两腋。这些都属于不同形式的系孔。C.嵌孔。是用于玉件同其他器件连接。这里面又可分为硬嵌接与软绳接两种。硬嵌接是把玉件连接于其他硬质器物上，最常见的是玉剑饰。圆形玉剑首同金属玉剑柄相接时，往往在剑首的阴面琢出环形阴线槽，槽边上又有斜上的孔洞。玉剑珌，也就是剑鞘端部的嵌玉，与剑鞘相接也是以孔洞的形式完成，剑珌上往往有一个直径很大的孔洞。可以插嵌榫子，孔洞两侧或有两个斜孔与之相接。这些孔洞的具体使用方法还有待于研究。汉以后，与布或革带相连的玉佩不断出现。帽正、纽扣、领花、带板等，多种多样。这类器物上一般都有孔洞，用以穿线扎结。孔洞中常见的是蚁鼻孔，还有其他类嵌孔。各时期玉器上的嵌孔，加工方式上都有自己的特点。熟悉这些特点也是鉴别玉器时代所需掌握的。孔的形状有锥式、旋式、阶式，还有少量的直径无变化的孔，因时代不同而不同。

掏膛：掏膛技术主要运用于器皿上。战国时期这一技术已臻成熟。其后的几千年间技术不断改进，形成了各时代的技术特点。掏膛的基本方式有下列几种。A.管钻法。多见于直筒式玉杯，先用直径较大的管形钻钻入杯体，然后将钻心击断取出，再把钻心断口处琢平。汉代玉樽的制造就采用了这种方法。B.片形砣。砣头为带有一定弧度的金属片，抵住玉件，然后使玉件转动，砣片逐步深入玉里，不断调整砣片的弧度，最后琢出碗心或器物的膛。C.实心砣。砣头为实心杆，端部呈球面状或尖状。先用管钻掏膛后，再用实心砣琢出下凹的膛底。D."L"形砣。用以琢小口、大膛的瓶、壶内膛，其形似脚，可深入瓶口再行转动。E.多种砣具组合，琢出较为复杂的器物内膛，如四方斗杯或八方杯的内膛。制造时先掏出圆形膛，然后再不断修正，琢成四方形或八方形杯膛。以上几种掏膛方法，在不同的时代都有不同的特点。掌握这些特点，是鉴别玉器时代所必须的。

线条：玉器上的线条大致可分为三种：阴线（凹线）、阳线（凸线）、线条组合。古代玉器上的阴线纹有下述几种。A.手工刻线，可能使用较硬的石英岩矿物，加工成尖状物，在玉器表面进行刻画，主要见之于良渚文化玉器图案。B.一端或两端呈尖状、中部较宽的阴线，见于凌家滩玉器及山东日照发现的玉圭。C.较深的等深阴线，线槽的槽底有深浅变化，见于大汶口文化、安徽凌家滩新石器时代文化玉器。D.浅而宽的弧形底阴线槽，见于红山文化及其他新石器时代玉器。新石器时代玉器上还出现了凸线纹，具有代表性的作品是红山文化玉蝉，蝉身上有明显的几道凸线纹；龙山文化玉发簪，簪柱上有几周凸起的装饰纹；石家河文化玉器，个别玉人首、玉凤上出现了凸线纹饰。另外，有一批传世玉器或带鹰鸟纹图案，或带人面纹图案。其中许多作品应属新石器时代晚期玉器，玉器上的图案较多地出现了凸线纹，纹条纤细而均匀，表现出非常高的加工技巧。

目前，夏文化玉器的研究才只是开始。有迹象表明，一些带有阴线条纹的片型玉器应属夏文化作品，这类条纹长而直，粗细均匀，线槽底部平滑，不似砣具琢出。

商代玉器饰纹以阴线纹最为常见，其中最典型的是一面坡阴线，也就是把线槽的一侧琢成斜坡。商代玉器上还常有用挤压法制出的阳线，这类阳线的两侧被用坡状阴线琢出，凸起的线条实际上同器物表面等高。

西周玉器上的线纹，以阴线纹最为常见，有单阴线纹及双阴线纹两种。在阴线纹中，外侧的阴线纹往往用一面坡阴线琢出，坡面较大，转折利落。

战国以后，玉器上的阴线纹大量出现，有单阴线纹、双阴线纹及坡面宽阴线纹。而这一时期玉器上很难见到凸起的线条纹。凸起的线条一般较长，被称为弦纹。

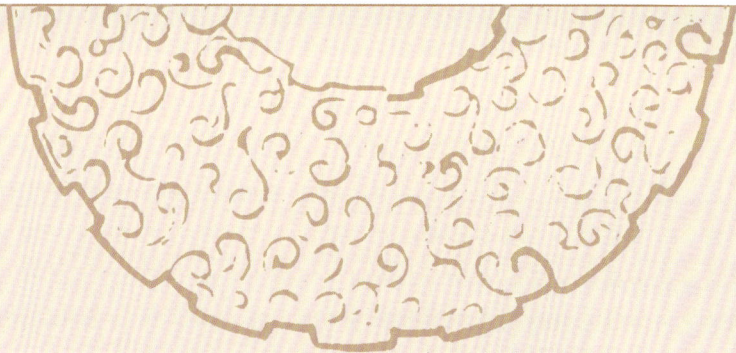

三、古代使用的玉材及其鉴别

　　自古至今，人们对玉的认识有很大的变化。目前，除了矿物学命名外，工艺美术界、玉行或普通的藏玉者认可的玉便有闪石类矿物、蛇纹岩类矿物、斜长石类矿物、辉石类、石英岩类矿物和其他类矿物，被称为玉的有和田玉、岫岩玉、南阳玉、青海玉、密玉、梅花玉等不下数十种。"玉"不是一个矿物学命名，但它指的确是一类特定的矿物。古人曾提出了许多确定玉的原则。汉以后，基本是以许慎在《说文解字》中释"玉"提出的标准为主导，这一标准便是："石之美有五德，润泽以温，仁之方也；腮理自外可以知中，义之方也；其声舒扬专以远闻，智之方也；不挠而折，勇之方也；锐廉而不技，洁之方也。"许慎释玉主要有两个原则。其一玉是美石的一种，需具备美的特征。许慎讲的美是抽象的概念，不单指色泽艳丽，光彩照人，而是有特定的含义，是在石之间相比较而言。不具备美石条件的不能是玉，具备了美石条件而不含特定美的矿物也不能称为玉。这样就把玉同美石中的宝石、彩石矿物区别开来。其二是五德的原则。五德原指道德，包含仁、义、智、勇、洁五个方面。仁，是美的更高层次的表现，是处理人与人之间，社会集团间利益的标准。义是正义感和对恶势力的抵制。智与勇不仅是智慧与力量，且表现为社会责任感。洁是不同流合污，有自身的个性。许慎把这种社会道德标准同玉的特性相联系，对玉材的选择有很大的影响。在玉材的具体表现上为五个方面：1.温润，玉的表面如同凝有水汽；2."腮理自外可知中"，是指有一定的透明度及细腻度，可看到玉中的纹理；3.敲打后的声音；4.结构紧密，有硬度；5.无杂质，质地纯净。

把玉作为一种特殊的美石来对待，这一原则在许慎之前就已存在，且得到了后世的认同。但这一原则并不是唯一的原则。从考古发掘的玉器来看，对玉材的选择标准，各时代的人们存在着很多差别。尤其是新石器时代的数千年间，玉材多依人们的居住环境就地采选。不同文化区的玉器，用料绝无统一标准。有些地区出现了高硬度的闪石类玉，有些地区使用玉材的质地则较差。确定这一时期的玉器，多以材料经过美感选择，加工细致，非实用工具或实用性较弱为标准。

大约在商代出现了较为统一的玉材标准。商代常用的玉材有三种，一为闪石类的玉料，以新疆和田玉为代表。这类玉料硬度高，表面温润感强，多用来做小玉件，也用来做大型玉件。二为斜长石类玉料，以南阳玉为代表。这类材料的硬度、光泽差别很大。与前一类玉料相比较，润泽的感觉较差，商代许多戈、璧、琮等玉器是用这类材料制成的。三为蛇纹岩类玉料，以岫岩玉为代表。这类材料透明度略高，颜色种类多但不甚鲜丽。硬度比闪石玉略低，但有一定跨度，低一些的约为4度，高一些的可达6度。商代以后，这三类玉材的制品在玉器中经常出现，以闪石类玉材作品最名贵。

古人对于玉材的好坏非常重视。对玉材的识别主要表现在两个方面，一是区别玉与非玉，二是把玉分为不同的档次，选择好玉使用。自从较为统一的玉材标准确定后，便出现了用次玉冒充玉材。古代墓葬中使用的玉器，材料也大不一样，既有美玉，也有似玉之石又曰珉石，这种现象普遍存在于历代玉器之中。为了确定玉的好坏，古人有目的地开展了品玉活动，提出了许多理论、标准、方法以规范人们对玉材的选择，而这些标准中融入了审美意识与道德意识，使品评玉器成为含有一定文化知识和鉴定能力的活动，成为玉文化的一部分。

最早重视玉与石的区别的人是孔子。孔子对似玉而非玉的珉石给予了极度的蔑视。孔子的学生子贡有所不解，认为孔子鄙视珉石的原因是美玉少而珉石多。孔子回答说，不对。重视玉是因为美玉具备了很多特点，这些特点同君子的品德相一致，主要为"温润而泽"，"缜密以知"，"廉而不刿"，"垂之如队"，"叩之其声清越以长，其终诎然"，"瑕不掩瑜，瑜不掩瑕"等（见《礼记·聘义》）。这些特点的含义十分明确。美玉必须光泽温润并有潮湿感，颜色不贼亮也不昏暗，质地细密，有韧性，不能有色质的不统一，敲打时能发出美妙的声音。孔子生活于春秋时期，这一时期的用玉观念较商、周时期有了很大的进步，玉材的选用也更为统一。商代玉器中南阳玉、岫岩玉制品占有很大的比例，还有个别大理石作品，玉材混杂。春秋以后的玉器中，这些玉材的使用明显减少，尤其是在加工精致的高档玉器中更是这样。可以看出，孔子讲的用玉标准，代表了当时玉器的发展趋势。

闪石矿族之玉以新疆和田、叶尔羌所产最著名。这类玉材有多种颜色，主要为青、白、绿、黑、黄等色及其间的中间色。古人品玉，首先是在不同颜色的玉材中确定各色玉之间的等次。《礼记·玉藻》："天子佩水苍玉而纯组绶，世子佩瑜玉而綦组绶。"把用玉的颜色同社会的等级制度联系在一起。这些限定着眼于使用者的等级，也包含了对玉材颜色差别的评价。

同类颜色、同矿物之间的玉材也存在着巨大的差别。对同一色型的玉确定玉的好坏，是古人品玉的又一方面。自然界中的彩石矿族，就其颜色而言，常见的有二类：一类色泽较为集中、一致，如一些建筑石料；另一类属同种矿物的色泽差别却非常大，各类宝玉石属这一类。各色玉中颜色达到什么标准为好，玉与玉之间如何比较好坏，这是品玉者所要解决问题。

汉代的王逸记述了关于玉符的标准："或问玉之符，曰：赤如鸡冠，黄如蒸栗，白如截肪，黑如纯漆，玉之符也。"把这样的标准确定为玉之符，从审美方面确定了玉色美的标准。同时这类颜色的玉材亦确属难得，非常珍贵。这一标准被后来品玉者推崇，是很有影响的品玉准则。

明初人曹昭在《格古要论》中品评玉色曰："白玉，其色如酥者最贵，但冷色、油色及有雪花都次之；黄玉，如栗者为贵，谓之甘黄，玉焦黄者次之；碧玉，其色青如蓝靛者为贵……黑玉，其色黑如漆，又谓之墨玉，价低……；赤玉，其色红如鸡冠者好，人间少见。"类似的评论在明、清文献中多有记述，是较为流行的评价玉色的标准。

古人品玉包含的内容很多，表现出对玉材质、颜色选择的严格性，通过这些选择淘汰了非玉之石，使玉器收藏及欣赏向高层次发展。

四、仿古玉及假古玉的历史情况及各时期的特点

　　仿古玉的产生，同社会经济的发展、社会风俗的变化、玉器使用的传统及古玉市场的影响关系密切。一般的工艺品，多兼有艺术与实用两重价值。实用价值强的作品，艺术风格受社会时尚的影响偏大。例如瓷器，它有较强的实用性，易破损，产品的更新换代很快。陶瓷史上多次出现过追求艺术创新，大胆采用新造型、新图案的求新去古高潮。相对于瓷器而言，玉器的材料较珍贵，主要用于陈设与佩戴。人们佩玉不仅表示自身的品德追求，还兼有辟邪、去疾的意图及对某种神灵的崇拜。这样就产生了玉越古越好、越旧越好的心理。在玉器发展过程中，传统的力量表现得非常突出。某种样式、某种图案的玉器，可能在很长的时间内流行。西周时的某些玉器往往近似于商代作品，汉代的某些玉器又往往近似于战国时期的作品。传统的力量，对古玉的追求，是仿古玉产生的一个因素。

　　古玩市场的存在是仿古玉产生的另一个因素。收藏古物是保存人类文化遗产、弘扬民族精神的重要方式。但仅有博物馆及少数收藏者，可以通过考古发掘等非市场方式获得藏品，多数收藏者的藏品是通过市场收集的。古玉的收藏更是如此，收藏古玉往往是富裕了的人们追求的一种文化经济活动。真正的古玉数量少而市场价格高，仿古玉若被认可，便可以质次的玉料、简捷的工艺获得很高的价格，只要古玉的价值被认可，仿古玉的出现就是难免的。

（一） 仿古玉、假古玉制造的发展阶段

　　仿古玉的历史可以划分为几个阶段：宋代之前、宋代、明初期、明后期、清中期、清晚期、民国初年、现代。几个阶段的仿古情况往往交叉、类似，有一些情况目前还不十分清楚，仅能进行大体上的了解。尤其是宋代之前的情况，由于唐、五代玉器发现甚少，因而是否存在着一定规模的仿古玉制造，还不能确定。见于文献的仿古玉记述，当属《遵生八笺》"若宋人刻意模拟，力求形象徒胜汉人之简"为时代最早。研究仿古玉，一般从宋代开始。

　　宋代经济与文化发展的盛况，我们至今尚不能了解透彻，《清明上河图》描绘了繁荣的宋代商业市场，店铺林立，购物者如云涌动。对此，许多宋代文人笔记中皆有记述。这一盛世，给文人学者的文化活动提供了条件，文化的反思，对古物的研究探索是文化活动的重要方面。金石考据学、古器物学、史学研究都有很大发展，一些人把收集到的古物进行绘图、注释，依古文献考其源流，方法较汉唐学者注疏经典更具实证性，且能为更多的人所接受。推动着收藏活动的开展。当时，无论研究者还是收藏者，获得古物的途径主要是市场，因而这种活动促进了古物市场的发展，又促进了仿古作品的发展。吕大临《考古图》收录了部分古玉，反映出人们对古玉的重视。《武林旧事·卷九》记进奉宝器中有玉器18种，其中一种为"古玉剑璲"等17件，说明当时古玉器亦被奉为宝器，明确了古器与新器的区别，这就具备了仿古器产生的条件。

　　从目前发现的材料看，宋代仿古玉中较多的是仿汉代玉器。汉是持续了数百年的强盛帝国，盛极之时，统治者不会想到日后的衰败，陵墓中大量使用陪葬品，其中有数目非常多的玉器，陵墓上也大建享堂标志。朝代更替，汉室衰败，汉墓的被盗掘使大量汉器流传于世。宋代流行的古玉中，汉玉应占一定数量，这也是仿汉宋玉出现的因素。典型的宋代仿古玉中，有仿古兽面纹玉、仿古螭纹玉、仿古蝉纹玉、仿古钩云纹玉等多种类别的作品，这在论述宋代玉器时已有说明。

　　仿古玉器在明代的发展，主要得益于古玩市场的扩大和收藏古器之风的盛行。曹昭在《格古要论》序中言："近世纨绔子弟，习清事古者亦有之。"收藏之热自明初至明晚期愈演愈烈，不仅古器，当朝作品亦被收藏。收藏热推动了仿古玉的发展。《长物志》："水中丞一，近有陆子刚琢制，兽面锦地，与古尊罍同者，虽佳器然不入品。"《妮古录》："见百乳白玉觯……吴门陆子刚所制。"陆子刚是治玉名家，作品以小件玉佩饰最为常见。从上述文献可看出，陆子刚制造了许多仿古器皿，他所制仿古器皿样式、风格往往与古器有别。目前已知的子刚款仿古器皿有三件，代表了明代三类不同的仿古器皿。第一件为合卺杯，故宫博物院藏。状如相连的双桶，桶间雕一鸟踏兽，意为英雄。杯身琢有诗句，并有"合卺杯"、"子刚制"字样。这类英雄合卺玉杯，故宫博物院藏有多件，其中一些作品，较之此件明晚期作品更为古朴，个别作品可能为宋代所制。第二件为觯式杯，主体似古铜器之觯，无盖，略小，其外琢交错的环形纹及排列的变形蝉形，夔式柄，柄下端琢款。在传世玉器中，有较多的单螭耳仿古杯，杯略高，或似觯，或似匜，杯外饰仿古钩云纹。这类作品中，有的被定为宋代制造，有的被认为是清初的作品。这件子刚款玉觯，刻款部位与北京小西天出土子刚款玉樽略同。制造年代当属明晚期，传世的单螭耳仿古觯多属这一时期的作品。第三件是北京小西天师范大学工地施工时出土的玉樽，粗筒形，三兽首式足，盖中部圆饼式纽，环纽雕三小兽，单环形柄，柄下端琢"子刚"二字，杯外饰夔龙纹及密集的小钩云纹。类似的作品，故宫博物院亦有收藏，以"子刚"款玉樽为依据，此类仿古玉樽多数都可定为明代制造。除以上三类仿古器皿外，明代的仿古玉器皿还有鼎炉、觚、角杯、匜杯、壶等。但这些器物的时代确定，仅依据玉材色泽，加工特点及纹饰特点，其中一些很可能是宋、元时期的作品。

　　明代仿古玉中还有很多环玦佩饰，明人高濂在《遵生八笺》中曰："近日吴中摹似汉宋螭玦、钩、环，用苍黄染色边皮葱玉或带淡墨色玉，如式琢成，伪乱古制。每得高值。"这段记述说明明代人确实在进行着仿古玉的制造。这种制造不仅摹似，还进行染色做旧。但是，我们今天所能确定的明代制造仿古玉佩饰并不多，原因在于明代仿古与宋代仿古极易混淆。故宫博物院藏有一件子刚款玉佩，仿古夔龙纹，两龙首相对，身相连，两龙首间有镂雕装饰，玉佩整体呈环状，玉佩上进行了做旧处理。但光泽较亮，棱角分明，整体上不如宋代玉器圆润。一般来说，宋代仿古玉更接近汉代作品，但纹饰滑软。明代仿古玉较粗硬，不精致。另外，常见的明代仿古玉中还有较多的玉剑饰。这些玉剑饰较汉代的作品粗大，纹饰也不如汉代作品精致。

清代仿古玉在仿古玉器中占有重要位置。同宋、明时期的作品比较，目前能见到的清代作品要多得多。清代仿古的范围和方法，较以往也有较大的发展。

清初制造仿古玉的情况，目前我们了解的并不多。清黑舍里氏墓中出土的两件镍形玉佩，为清初制造的仿汉代玉器，但器物纹饰有变化，没有按照汉代纹样去做，作品又不进行做旧处理，为仿古玉，非假古玉。台北故宫博物院及北京故宫博物院皆藏有数件玉杯，杯上进行了做旧处理，于附件上附有乾隆撰写的《玉杯记》记述玉工姚宗仁指认其杯为姚祖所制，并道明做旧方法，这些玉杯之形或纹饰，多数并无古意，乃做旧者凭想象而制，其中一件矮杯上有仿古兽面纹，一件杯盘上有明代螭纹，说明当时确有一些仿古作品，是拟照旧物而制的。

乾隆时期制造的仿古玉可以分为两种。一种以好玉而为，不进行做旧处理，或刻乾隆年号，"乾隆仿古"年号多用于器皿，玉件多用"大清乾隆年制"。另一种以边皮糙玉而为，进行做旧染色，与旧玉器相似，是假古玉。所制古玉之型，一是来源于图谱，《三礼图》《古玉图》或其他一些器物图录，这些是少数。再有，就是比照实物而制，其中有仿古鼎彝器、玉礼器、动物、人物、佩饰等，种类非常多。已知的有仿新石器时代的琮、蚩尤环、人面纹斧，仿汉代玉镍形佩、玉鸟、玉剑饰、玉宜子孙佩、四灵环，仿唐、宋时期的玉人等多种多样，还有一些夔纹璧、兽面纹璧、谷纹璧、兽面纹佩、龙纹佩等。既不本照古器，也无图册对照，似古非古。做旧的方法也很多，在材料使用上有用边皮糙玉制造、用旧玉器再刻花、将旧玉器再行染色等多种手法。在染色方面手段更为复杂，有一些我们极易识别，也有一些是很难识别的。

清晚期到民国初年，民间制玉业发展迅速，很多古玩行兼做假玉器。但由于时代的限制，考古发掘材料的限制，制玉者对古玉的理解并不深刻，作品往往功力不足，给人一种似真似伪的感觉。民国时出现了一批较高水平的仿古玉，其中的一些作品现在仍被当做古玉收藏。在这类器物的制造上仿古者下了很大的工夫。主要特点是慢功所为，用很长的时间进行做旧和盘磨，色泽深、老，不似现在一些作品那样生、冷。民国时期的好的仿古玉作品亦应视为玉器精品。

20世纪80年代以来，我国诸多省份都出现了假古董制造的高潮，假古玉制造又是首当其冲。在目前的现代生产技术面前，仿古玉的仿真程度是非常高的。不同地区制造的仿古玉，仿旧方式多种多样。如何识别现代仿古玉是摆在鉴定者面前的首要问题。现代仿古玉的制造是同考古发现、古玉鉴定学的发展紧密联系的，很多考古学的研究成果被借鉴。一些古器物的特征刚被发现，便在假古玉中出现。假古玉制造者熟悉古玉鉴定，很多制造方式是针对古玉鉴定而来的。一些鉴定经验或诀窍刚一披露，作假者便把它运用到了假古玉的制造中，使鉴定经验成为过去。因此，识别现代仿古玉，必须时刻了解古玉仿伪技术的发展及特点。要认真分析真古玉的特征，善于观察、比较，只谈真伪而少讲缘由。

（二）假古玉的主要特点

现代假古玉的制造有如下的几种情况。

1．**按照古玉器如式仿制**。这一方式自古有之。故宫存有一些清代仿古玉，仿制品与原件存于同一匣内，尺寸、样式、工艺非常接近。新作品又做了旧，很难区别。这类器物在现代作品中更多。由于现代制玉者中一些人手中无真玉可仿，因而变换方式，照图册仿制。市场上能见到很多仿图录玉件，如仿红山文化玉龙玉鸟，仿汉代玉马、玉兽，仿战国璧、璜、佩等。

2．**局部照古器仿制，略微带有变化**。这些做法亦自古有之。尤其是清代的一些玉器，往往在局部采用古器造型，但多数不做旧。现代的仿古玉者，为了掩饰仿古的意图，使自己的作品不被别人识破，在仿古时加以变化，这类作品给人一种看不明白的感觉。

3．**拼接**。拼接是各类仿古器物中都采用的方法。把不同器物的局部凑到一起，组成新的作品。这样的作品，细看时，看到哪一个局部，都使人觉得对，但整体风格不伦不类，有时还会出现将不同时代风格的作品拼到一起的现象。

4．**想象**。这类作品略有一点古器的意味，但带有很大的想象成分。造型奇特，工艺伪为古朴，使人感到不知为何物，不知为何用。而出售者又能编造出很多故事。鉴玉者遇到这类作品时尤需注意。

5．**模糊**。是古玉做旧的一种方法，把玉器表面纹饰做得模模糊糊。细部纹饰似有似无，很像古玉受蚀的样子。这类作品上往往出现不该模糊的纹饰反而模糊不清的情况。尤其是一些仿古璧、璜，上面的谷纹模糊，是人为而致。事实上，古玉器中纹饰模糊的作品是有的，但数量很少，模糊纹分布得又很合理，鉴别时需注意。

6．**披纹**。即在一般的器物上加饰古代纹饰，如在方形印色盒上加上战国钩云纹、蟠螭虺纹等。因而在识别古玉时不仅要看纹饰，还要看造型，求得纹饰及造型的统一。

7．**重色**。仿古玉做旧时，一般都进行人工染色。许多作品带有重色，最常见的为黑漆古、枣皮红及石灰沁。黑漆古整体为黑褐色。枣皮红整体为红褐色，色厚重而不见玉材本色。石灰沁为白色，作伪者或将器物表面烧成斑驳状，斑坑中施色，或于器物表面烧出一层，白而微透，或于玉上制出一块一块若石灰膏，或呈斑片状。

8．**特型**。体积超大或较常见作品复杂。有很强的特出感。

以上为最常见的几种仿古玉的制造类型，鉴别时需加以注意。鉴于这些情况，在识别古玉时要注意以下几种情况。

玉材，一般古玉用玉都较好，沁色较重的作品也极少不露出原有玉色的。而仿古玉则往往用次玉以使易于染色。

样式，作品若同已知图录上玉器相同，或某些铜器、陶瓷作品局部相同时，就要认真分析这件作品是否采用了移植方式进行造型设计。

五、古代玉器的主要类别及器物特点

（一）古代使用的玉礼器

按用途而言，古代玉器可分为礼器、兵器、佩饰、随葬玉、玉器具、玉陈设等几类。这几类玉器，除了玉礼器有极大的稳定性，几千年中品种变化不大外，其他几类都依时代不同而发生品种变化。

所谓礼，在古代主要指祭祀活动，另外还包括朝享、交聘、军旅等礼仪活动。《周礼·大宗伯》说："以玉作六器，以礼天地四方。以苍璧礼天，以黄琮礼地，以青圭礼东方，以赤璋礼南方，以白琥礼西方，以玄璜礼北方。"璧、琮、圭、璋、琥、璜这六种玉器，即所谓的礼器。

玉兵器主要出现在商、周二代，以商前期最突出。主要品种有玉戈、玉刀、玉戚、玉钺。春秋战国乃至以后时代，除仿古玉器中有少量作品外，这几种器物就很少见到了。

玉佩是人身佩玉，产生于原始社会，随着社会的发展而变化。主要有玉璜、玉玦、玉人、玉龙、玉耳瑱、玉镳、玉觿及各种玉佩、玉坠。

玉丧器是指丧葬用玉。葬玉的风俗产生于新石器时代，几经沧桑，在封建社会玉丧器仍久用不衰。其品种有玉柙、玉塞、玉握、玉璧、玉琮等。

玉器皿在商周之时就有。据文献记载，战国时期已广泛使用。目前能见到的商代玉器皿是簋。战国及汉代，玉角杯、玉卮、玉灯、玉羽觞等也较常见。宋以后，玉杯、玉碗、玉瓶大量出现，餐具、文具、酒具等品种激增。到了清代，玉器皿的品种、数量达到鼎盛。

玉陈设主要是玉山、玉屏、玉兽等器物，以清代最多见。

下面分别介绍各类玉器的品种及用途。

璧：璧是一种圆形、片状、中部有孔的玉器。**图 17** 《说文》释璧："瑞玉，圆器也。"《尔雅》有"肉倍好，谓之璧"的说法。肉即边，好即孔，边为孔径的二倍，便是璧。

现在存古玉璧中，肉与好有明显倍数关系的不多。《尔雅》还有"好倍肉，谓之瑗。肉好若一，谓之环"的说法。"环"、"瑗"也属于璧类玉器，是一种特型璧。

璧是最重要的古代玉器，使用年代之长、品种之多是其他玉器不能比的。在古代，玉璧主要有以下几种用途。其一为礼器，《周礼》有"以苍璧礼天"之说。其二为佩玉，又称"系璧"，《说文》释"珏"："石之次玉者以为系璧。"以璧为佩饰主要是在战国至汉代。其三用作礼仪馈赠用品。其四是随葬用品。目前已发掘的汉代大墓，一般都有为数众多的大璧。《后汉书·舆服志》："大行载辒辌车，四轮，其饰如金银，加施组连璧，交络，四角金龙首衔璧。"天子初崩为大行，由此可见丧葬用璧的情况。

玉璧的纹饰依时代不同而不同。商代玉璧多为弦纹。春秋战国至汉代，玉璧为云纹、谷纹、蒲纹，间或有螭纹。宋元以后，出现了各种凸雕螭纹、乳钉纹、兽面纹、花鸟纹装饰的玉璧。

在玉璧中应引起重视的是素璧、谷纹璧、蒲纹璧。素璧是出现最早的玉璧，产生于新石器时代。最引人注目的有两个出土地区。一是东南沿海地

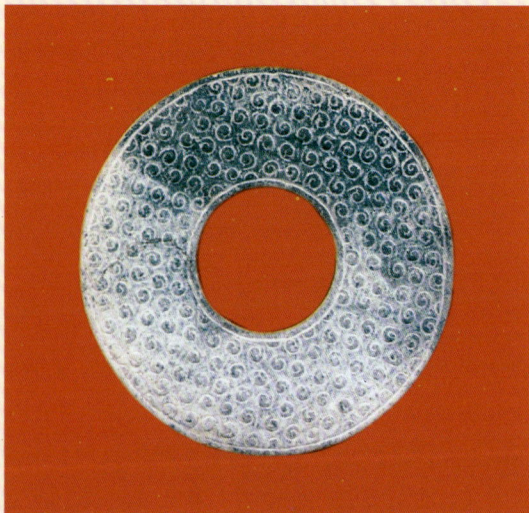

图17　战国　螺旋谷纹璧

区的良渚文化遗址，有的墓葬一次就出土几十件直径20厘米左右的玉璧。二是四川广汉地区。广汉文化早期遗址出土的玉璧多为灰黑色沉积岩制成，最大的直径超过70厘米，厚度5厘米，形如井盖。商代也有素璧。素璧主要用作礼器。谷璧、蒲璧使用的时间最长，直到清代还在制造使用。《周礼·大宗伯》有"子执谷璧，男执蒲璧"的记载。谷璧上带有成排的密集的小乳钉，乳钉上雕成漩涡状，示其为谷芽。蒲璧指带有极浅的六角形格子纹的璧，这种纹有些像编织的蒲璧。谷璧、蒲璧主要见于战国和汉代，一般都很小，直径超过20厘米的很罕见，且表面光亮，制造极精。战国时期这种玉璧既为珍宝，也作人身佩饰、抵押品、赏赐品、镶嵌用品、礼仪用品及馈赠用品使用。

镂雕玉璧始见于战国时期，汉代也极为流行。镂雕主要有两种。其一为全镂雕，即在圆形玉片上镂雕各种纹饰。其二为局部镂雕，即在璧的孔内或外侧镂雕出装饰纹样。

战国时期有一种在外侧镂雕龙凤纹的璧，镂雕疏密得体，精美异常。汉代出现了在璧的一侧凸出一块近似三角形装饰的璧，装饰部位的高度有时超过璧的直径，一些鉴赏家称其为"出廓"璧。也有人认为，出廓部位一般为螭龙对拱，有些螭龙间还有"益寿"、"长乐"、"宜子孙"等字样，似应称为"拱璧"（唐代人认为用两手托起的璧是拱璧）。多数人因这种璧有系孔而称其为"系璧"。

清代宫廷制造了许多镂雕出廓璧，璧上带有螭龙及"宜子孙"字样，极似汉代制品。但汉代出廓璧一般饰谷纹，谷粒极稀松。清代出廓璧虽亦饰谷纹，谷纹排列却较密，玉质、光泽与汉代作品不同，尺寸也稍小于汉璧。

龙纹蒲璧、鸟纹蒲璧：龙纹蒲璧、凤鸟纹蒲璧见之于汉代。璧表面用同心圆绳纹分为两个区，多的达三个区。外区饰龙纹或凤鸟纹，内区饰蒲纹，三区的最内区饰兽面纹。这种璧一般用水苍玉制成，分厚薄两种，直径较大，有些能超过40厘米，但厚璧不多见。

龙纹蒲璧的龙纹很奇特，用细阴线组成，主要刻画正面龙头，鼻、眼很大，鼻下雕几道粗阴线，线较宽但很浅，一般无嘴，其他部位则用细线雕刻。龙为双身，似飘带伸向两侧，有两条飘带状刻纹用身缠绕，可能是龙爪或翅。这种龙纹仅见于玉璧。

龙纹蒲璧在汉代墓葬中大量发现，有些成组置于棺椁之上，可能是汉代葬玉。

清代的龙纹蒲璧系仿古作品，在纹饰、工艺方面完全仿汉代，但同汉代又有区别。汉代璧为水玉制成，玉里含有白斑，古董商称为"饭渗"。清代使用的是质地纯正的青玉、碧玉。汉代玉璧带有水沁或土沁，这种沁色，清代璧上一般不仿制。

琮：立方体，上下贯一圆孔，两端沿孔边有一周环状凸起，是一种外方内圆的玉器。**图 18**《说文》释琮："瑞玉，大八寸，似车杠。"最早见于新石器时代，主要出于浙江的良渚文化遗址，广东地区的石峡文化和四川广汉地区也有发现。商周时期的玉琮较常见。战国到汉代玉琮明显减少，仅一些大型墓葬中有一两件出土。由此推断，战国和汉代作为随葬品使用的玉琮，有很严格的使用规定。汉以后各朝代的史书中，多有使用玉琮的记载，但实物很少见到。

图 18　良渚文化　玉琮

玉琮主要做礼器用，《周礼》有"以苍璧礼天，以黄琮礼地"之说。《新唐书》载："冬至，礼昊天上帝以苍璧，……皇帝祇以黄琮，以佩帝之币皆以黄。"宋元史书中也多有使用黄琮礼地的记载。玉琮的第二个用途是作葬器，《周礼》曰："疏璧、琮以敛尸。"郑玄注："璧在背，琮在腹。"著名的满城

图 19　商　条纹玉圭

一号汉墓出土的金缕玉衣，在男性生殖器部位有用玉琮制成的罩子，同"琮在腹"的说法相合，说明郑玄的说法可信。

圭：圭是由原始社会铲形器发展而来的古代重要礼器。 图19 《尚书·禹贡》有"禹锡玄圭"之说。《周礼》曰："以青圭礼东方。""王执镇圭，公执桓圭，侯执信圭，伯执躬圭。""琬圭以治得以修好，琰圭易行以除慝。"一般说来，商周前的圆形片状玉器通称为璧，长方形玉器通称为圭，有些圭顶部微隆起。东周以后，方形玉圭便不多见，出现了一种既有商周玉圭之长方形，又有商周玉戈之尖状顶的圭。这种圭为扁长形，顶部凸起尖形圭角。《说文》释其为"瑞玉也，上圜下方，圭以封诸侯"。这种圭在汉代出现较多，汉以后到元的文献中虽有很多用圭的记载，实物却很难找到。明清两代玉圭保留到现在的还很多，许多博物馆都有收藏。明代玉圭同汉代的相比较，形状变化不大，皆为尖角顶，但体积比汉代的大，有素面、谷纹、乳钉纹、海水江崖等不同纹饰。清代玉圭多为拟古之作，乾隆时制造的琰圭、躬圭、镇圭、谷圭、介圭、琢圭，皆用古称，样式却五花八门，去古甚远。

璋：璋是古代礼器，《周礼》说"以赤璋礼南方"。《诗·大雅》有"济济辟王，左右奉璋"，"颙颙卬卬，如圭如璋"之句。

璋的形状如何？ 图20 《说文》说："剡上为圭，半圭为璋。"但半圭是什么样，古文献里没有讲。目前考古发掘中虽见过这类古玉，但为数不多，不能提供定名为玉璋的充足依据。因而何为玉璋，尚待进一步研究。

图20 夏 玉牙璋

图21　战国　龙首玉璜

璜：玉璜是出现最早的一种玉佩饰。　图 21　我国东南沿海地区，河南、四川、陕西等地区的新石器时代遗址，都发现过玉璜。

玉璜的形状大体分为两类。一类为半圆形片状，圆心处略缺，形似半璧。《说文》释璜："半璧也，从玉黄声。"另一类则为角窄的弧形，弧度120度左右。

原始社会的玉璜是一种装饰，一般都在两端打孔，穿上绳系，挂于胸前，有时要挂两三个。有些璜边很薄，似有刃，可能在用餐时起助餐作用。玉璜造型的起源和虹有一定联系。古人曾对虹产生过自然崇拜，认为虹是一种动物，两端为头，虹的出现或为祥兆或为凶兆。许多战国玉璜两端为兽头形，同传说中的霓虹相似。

商周以后，玉璜是重要的礼器和佩饰。

戈：玉戈是重要的玉兵器，与铜戈稍有不同。玉戈由"援"（刃部）和"内"（似柄有孔能穿系）两部分组成，个别的嵌有铜质的"胡"（刃后端下弯部分）。

龙山文化晚期产生了一种戈，这种戈援部细长，顶端下凹似亏月，有两个锋利的尖，刃在顶部。到了商代早期，这种戈依然使用，只是"内"部向两侧突出了非常复杂的齿牙，并有成组的斜平行装饰线，清人吴大澄称之为牙璋。商代玉戈援部似刀而直，且极长，两面中部各有一条微凸的脊线。有些在"内"部亦有齿牙，是一种礼仪用器。

玉戈自商初以降体积越来越小，到了周代，一些作品则小如手指，可能作为死人口内的琀玉。

刀：玉刀是礼仪用器，产生于商代初期。《诗·卫风》："谁谓河广？曾不容刀。"其注"小船曰刀"，因而刀一般指船形兵器。刀亦用于割，《玉篇》释刀"所以割也"。

商代的玉刀种类很多。商初有两种玉刀最引人注目。一种为梯形，刀背与刃部平行，背部有数个穿孔，两端有成组的斜平行线装饰。这种刀一般宽度在10厘米以上，长度超过30厘米。第二种背部平直，有数个穿孔，刃部向里凹，玉质多为墨绿色，刀身宽且薄，厚度仅一两毫米，刃相当锋利。例如故宫博物院的一件藏品，长度约70厘米，宽约10厘米，其薄如纸。这种玉刀的制造，在开片技术上有惊人的成就，为后人所不及。

商代中晚期的玉刀多为佩玉，略呈弧形，装饰华丽，刀背饰有连续排列的凸齿，刀面也有复杂的装饰纹。商以后玉刀不多见。

璇玑：《尚书》有"璇玑玉衡，以齐七政"的说法。根据上古语音发音特点，璇与玑似应为两种器物。汉儒作注时以为璇玑是天文仪器的零件。根据汉儒的说法，人们把一种环形、片状周围向外顺向出角的玉器称为璇玑。目前认为璇玑是古代天文仪器的人不多，夏鼐等人认为璇玑是从璧演化而来。

璇玑产生于新石器时代，山东大汶口文化、龙山文化遗址均有玉璇玑出土。早期玉璇玑可分为两类，一类是由方形玉切割成圆环时留下了外侧的边角；另一类是在环的周围作出装饰，其中以饰蝉最优。商以后的璇玑带有明确的旋角，商代璇玑上的角还带有齿牙。

璇玑的角一般为三个，也有四个或六个的。春秋时期的墓葬还有璇玑出土，战国以后的墓葬里就不再有了。

玉玺：古代天子、诸侯、大夫之印称为玺。《左传》："公在楚，季武子使公冶问玺书追而与之。"说明春秋战国时已有印玺。汉高祖入关，得秦始皇蓝田玉玺，印文为"受天之命，皇帝寿昌"。高祖佩之，后代称为传国玺。汉代还设乘舆六玺：皇帝行玺、皇帝之玺、皇帝信玺、天子行玺、天子之玺、天子信玺。历代皇帝都非常重视印玺，玉玺又是印玺的最高等级。《新唐书·车服》载：

"初，太宗刻受命玄玺，以白玉为螭首。文曰：'皇天景命，有德者昌。'"又说："天子有传国玺及八玺，皆玉为之。"据文献记载：秦以前，臣下皆以金玉为印，龙虎纽，为所好。秦以来，以玺为称，又独以玉，臣下莫得用。这种臣下不得用玉印的情况，存在时间可能不长。

"礼"是古代的典章制度，它包括国家、社稷大型活动的组织方式。历代统治者都非常重视礼制的设置与施行。一般来看，古代礼制的形成是同国家制度形成相关联的。在新石器文化中已存在某些礼器使用的萌芽状态，进而逐步发展为礼器。

（二）玉佩饰、玉摆件、玉用具、丧葬玉

佩玉是古代玉器体系中的重要组成部分，新石器时代玉器中已有很成熟的佩玉方式。这种佩带方式又影响到了商、周两代。这一时期人们佩带的玉器，往往同人们的劳动方式有关，有巫祝的法器，人们使用的工具或武器。故宫博物院存有一件商代的玉鸟，上面有系孔，说明玉鸟为佩玉。玉鸟为片形，两面的颈部皆刻有文字，一面为"牧"，一面为"侯"，是佩带者的爵位，说明佩玉同佩带者的身份、地位有关。新石器时代的佩玉大致可分为下列几类。A.几何形状的器物，如玉环、玉璜、立方体的小玉琮。B.动物形玉件，如兽头玦、蝉、鸟等。C.工具形器物，如红山文化勾形玉器、南方地区出现的琮形器等。

璜、珩、环、冲牙及其他小玉件组成的垂直悬挂的佩玉体系，是佩玉发展中出现的高潮，这一佩玉体系被称为"杂佩"。《正义》："杂佩者，珩、璜、琚、瑀、冲牙之类。"在西周时期已形成了非常成熟的玉佩体系。在山西曲沃天马曲村北赵晋侯墓地中，发掘到了大量的西周玉器，其中的许多都是成组的组合。如出土的一组玉佩是由玉璜及琚、瑀、冲牙、珩、玉管等四十多件玉件组成，规模非常大。这样的玉佩组合一直到汉代都在使用。

刚卯、严卯：刚卯、严卯又称双印，是汉代的佩饰。**图 22** 方柱形，高度约2厘米，宽与厚相等，约1.2厘米。一般都是白玉制成，自上而下贯一穿孔。刚卯四面各刻两行字，其文为："正月刚卯……赤青白黄，四色是当。帝令祝融，以

图22 汉 玉刚卯

教夔龙，庶疫刚瘅，莫我敢当。"严卯四面亦各刻两行字："疾日严卯……既正既直，既觚既方，庶疫刚瘅，莫我敢当。"刚卯与严卯共66字，成双佩带。

刚卯的质地分几个等级，以白玉为上等，以下依等次不同而异。《后汉书·舆服志》："佩双印，长寸二分，方六分，乘舆、诸侯王、公、列侯以白玉，中二千石以下至四百石皆以黑

犀，二百石以至私学弟子皆以象牙。"

环：璧的一种，圆形，片状，中心有孔，孔的直径与边宽相等。**图 23**《说文》说环"璧属也"。《尔雅》释环"肉好若一谓之环"，其注曰："边孔适等。"

环：一般用作佩玉。古人云："行则有环佩之声。"汉代的佩玉系统中，环一般在中心部位。古人佩环主要为了表彰自己的品德，环周回缠绕，取其无穷，象征着自始不渝的精神。在人际交往中，也常用环传递归还、回还的信息。

玦：古代佩饰，也就是环形而有缺口的玉器，《广韵》释玦"佩如环而有缺"。

图23 红山文化 三联玉环

玉玦产生于新石器时代，图 24出于墓葬中人的耳部，可能是耳饰。属于青莲岗文化的玉玦多光素无纹。属于红山文化的玉玦较笨重，形似屈身之螭，头较大，用粗阴线雕出眉、眼、嘴，身为光素而向前屈，尾与嘴相近。红山文化玉玦对商代玉器影响较大，商代的玉玦也多为屈身兽头形。春秋战国时玉玦为圆形片状，常饰兽面纹或勾云纹。

图24　石家河文化　龙形玉环

古人使用玉玦有两个含义。一是能够决断事物。《白虎通》曰："君子能决断则佩玦。"这是佩玦的条件。二是用玦表示断绝之意，"臣待命于境，赐环则还，赐玦则绝"。"鸿门宴"是玦传递消息的最著名的故事。《史记》记载楚汉相争时，鸿门宴上范增以手举玦示项羽，暗示项羽当机立断杀掉刘邦。

韘：韘为古代射箭用具。《说文》："射决也，所以拘弦以像骨韦，系著右指。"韘又为佩饰，《诗·卫风》："童子佩韘。"其注："能射御则带韘。""射"为古代六艺之一，《周礼·地官》："保氏掌谏王恶，而养国子以道，乃教之六艺。一曰五礼，二曰六乐，三曰五射……"佩带韘是掌握射艺的标志。

商代玉韘为圆筒状，下端平，上部呈斜面形，背部上端有一条凹下的横槽，可纳入弓弦。妇好墓出土的玉韘，表面饰兽面纹。

战国玉韘的高度明显降低，饰钩云纹，一端还有穿孔，可穿系以为佩饰。有些战国玉韘雕刻极精，并有浮雕螭、凤，已失去了扣弦拉弓的实际用途，变为单纯的装饰品，开了韘形佩之先导。汉代玉韘向佩饰方向演变极快，变化也很大，后人不称其为韘，而俗称"鸡心佩"。

唐、宋及其以后，佩玉的形式发生了变化，表现为体系的简单化，佩玉与佩带者的身份、地位关系不那么明显，除了革带装饰外，很难找到明显的等级区别。古代的"杂佩"体系也不再流行,随意而制的小玉佩大量出现。玉佩的表现力增强了,使用范围扩大了,花、鸟、人、兽等都成为玉佩的造型方式。玉佩带有很大的审美趣味和装饰作用,这种发展趋势一直延续到现代。

玉摆件又称玉陈设,是室内具有陈设意义的玉器。这类器物主要见于汉代及其以后。商代妇好墓中出土的立体玉跪人、曲阜东周墓中出土的立体玉马,可能都曾在室内摆放。但这一时期的玉器中,能用于室内摆放的作品是非常有限的。汉代玉器中出现了较多的立体作品,有圆雕的兽形玉镇,有架笔的玉笔屏、玉砚滴,还有一些可以用于悬挂的装饰性玉璧。宋代已出现了可用于陈设的仿古玉鼎彝。明、清时期,玉雕工艺发展迅速,出现了许多较为大型的玉陈设、玉景观,推动玉雕发展出现了新局面。

玉用具的发展标志着玉器由神圣向平庸的变化。文献表明,战国时期玉酒器已开始使用,但数量相当有限。秦汉墓葬的考古发掘中,发现的玉酒器数量较多,出现了玉器向实用方向发展的倾向,但作品豪华精致,同一般的日常用品有一定的差别。唐、宋时期的玉酒器,除了豪华的一面之外,还有实用的特点。有些作品造型粗笨,易于携带,有些作品同当时流行的瓷器造型相近。宋以后,玉用具逐步增多,出现了很多实用性很强的小玉件及嵌镶用的嵌件、器柄、痒挠、仿日用品的玉剪刀等,设计、造型方面不追求同其他质地器物的区别,而更加大众化,为一般市民所易于接受。

丧葬用玉是指专门为入葬而制造的玉器。用于丧葬的玉大致可以分为几类:一类是被葬者生前使用过的玉器;一类是仿照流行样式制造的,用于入葬的明器;再一类就是专门用于入葬的器物,如九窍用玉、玉握、玉衣等。九窍用玉为玉塞、眼盖和琀玉。西周墓葬中已有非常复杂的成组面部饰玉,或为眼、鼻、口部的盖、罩,或为口塞。其间的连缀方式,尚可进一步研究。

(三) 玉文具

有迹象表明,汉代造纸业的发展推动了书法的发展及文房的文具使用。玉文具便是在这一时期大量出现的,汉以后,文房用品的样式材料不断变化。玉文具以其自身的特点，在汉代至清代的文房用具中，一直占有非常重要的地位。有史以来常见玉文具主要有下列品种。

砚：砚以研墨，其材需具不吸水、发墨快、不伤笔毫、美观等特征。以玉为砚，需经特别处理方能发墨。宋人著录中已记有玉砚。现在能见到的早期作品为北京市文物商店收藏的宋元时期的白玉螭纹砚。

砚滴：是用来蓄水的小容器。上部有孔，插有滴柱，使用时用滴柱将水带出，滴于砚上。目前，已发现多件汉代作品，为飞熊式、鸠式或卧羊式，晚期砚滴有动物形或几何形。

水丞：蓄水的容器。明代文献中记有水中丞，故宫博物院有一件带有滴柱的作品，底部有"水中丞"等字。

洗：是用来盛水的较大的容器，可用以洗笔。故宫博物院藏有一件汉代玉器，似小盘，周镂雕螭纹，被一些学者定名为洗。

笔山、笔架：是用来架笔的玉器，多制成山形。浙江衢州史绳祖墓出土有山形玉笔架。明清玉器中玉笔山较多，常为三峰。

臂搁：是写字时置于腕下的物品。故宫博物院藏元代双螭臂搁是目前发现的早期作品。明清玉臂搁或为片状或弧面。

墨床：用以承墨，以长方形、圆形为常见。

印色盒：是存放印泥的用具。

印盒：以储印章，玉质作品很少见。

玉笔杆：目前发现的早期作品为明代制造。清代作品一般较精致。

六、新石器时期诸文化的玉器及 仿制的新石器时代玉器

20世纪下半期，随着新石器时期文化遗址的考古发现，新石器时代玉器也被大量发现。除红山文化、良渚文化外，其他诸文化也存在着制造精致、品种繁多的玉器。

（一）新石器时代诸文化玉及品种

❶ 大汶口—龙山文化玉器

大汶口文化最早发现于山东泰安，早期年代距今约为6300年。公元前2500年前后，大汶口文化发展为山东龙山文化。大汶口文化的制石制玉业发达，从已发现的人面纹玉片来看，已经采用了环形砣玉工具，且石器的磨制精致。大汶口文化中期已选用蛋白石、蛇纹岩等矿物为材料加工器物。二里河遗址一期文化层出土有玉凿、玉璇玑，安丘景芝镇及王莲遗址出土有内圆外方的玉镯，滕县出土了玉人面人佩饰，还有一些遗址中出土有玉璧、环及长方形石铲、玉铲。 **图 25**

龙山文化最早发现于山东章丘城子崖、 **图 26** 其后又发掘了多处遗址。出土的玉器有斧、圭、刀、凿、璇玑、璜、玦、环等。所谓璇玑，是依吴大澂《古玉图考》所定名称，一些学者称之为牙璧。其实物同古文献中所言璇玑并非同物，它的形状近似于璧，圆形，片状，中心有孔，外周有三个向外旋出的角。这种器物为人

图25　新石器时代大汶口文化　人面纹玉饰

身佩戴物，可能是巫师所用的法器。龙山文化遗址中出土有镂雕发簪，它的上部为略呈弧状的方形玉板，玉板上镂雕兽面或人面图案；下部是一枝长柱，顶端尖而似锥，柱上分节，分节处有一周凸起的环形装饰。这件作品在开片、镂空、起凸等方面都表现出非常成熟的琢玉技巧。山东日照两城镇发现的龙山文化玉圭，是一件非常有代表性的作品。圭的整体为长方形，一端有孔，另一端略宽且呈刃状。目前已发掘的新石器时期文化遗址中，这类玉圭发现得还不多。这件玉圭的两面琢有细阴线组成的兽面纹图案，图案以眼目为重点，向外进行复杂的钩连变化，兽面的外缘没有明显的边线。

传世古玉中存在一组玉器，以长方形圭状器为主，还有刀形器及镂雕的不规则作品，作品上或带有鹰鸟图案，或带有阴线钩连图案，或带有变形兽面图案，这批玉器的准确年代，多年来一直为学者所争议。考古发掘中发现的相关材料表明，其中一些作品的纹样，同龙山文化或石家河文化玉器上的某些图案相似，另外山西春秋墓葬中出土了带有类似鹰鸟纹的圭，因而一些专家认为作品应为新石器时代晚期的东南沿海地区的部族所制造。这类玉器在很早已被人们所发现，台北故宫存有几件作品上带有乾隆帝所刻御制诗句，说明它们的被收藏最迟也

图26　新石器时代陕西龙山文化　玉璇玑

在乾隆时期。故宫博物院存有带有"乾隆年制"款的仿制品及晚清至民国初年的仿制品，说明这类玉器在近数百年中是仿古玉或假古玉仿制的重要对象。鉴别这类器物的年代，首先要了解各时期作品的特点，然后进行比较分析，通过多方面考察，明确作品为新石器时期还是清代、近现代所制造。

❷ 西北地区新石器时代的玉器

如同东南沿海地区用玉传统，西北地区新石器时代也出现了大量玉器。这一情况在清代已引起了藏家的重视。陈原心在《玉纪》中称西部为"西土"，"西土者，燥土也"。认为西部出土的玉器在沁色上同南部出土玉完全不同。晚清人刘大同在《古玉辨》中讲"古玉出土者以陕西为最多而最上"。从玉器的分布及种类上看，史前西部玉器在古玉研究及收藏中占有重要位置。目前应注意的有齐家文化风格及陶寺类型文化风格的玉器。

齐家文化分布于陕、甘、青地区，多处遗址发现了玉器。使用的玉料大致分为本地玉料及外来玉料两种。本地料中常见的是一种青黄色玉料，料中带有斑纹。外来玉料主要来自新疆，专家认为主要为和田玉，有米皮色玉及青玉、白色玉。目前发现的玉器有几何形体的玉器，由工具或兵器演化出的玉器、人身佩戴的玉器等，主要品种如下。

1. 琮：为方柱形或矮立方形。西北地区的考古发掘中，发现了一些新石器时代的玉琮。数量不是很多，又较分散。另外各博物馆中存有一些传世玉琮。作品可分为长方体形及矮体形两种，素面为多，射口长短略有区别。

2. 璧：片状，外形不甚圆，大小不一，较厚，一面平，另一面不平，有的有切割痕，穿孔。

3. 璜及璜连环：有青玉及墨绿色玉等。多无纹饰，边沿不甚齐整。

4. 多孔玉刀：多为长方形，条状，一端略宽，一侧有刃。一些作品刃略内凹，有两个或两个以上穿孔。

5. 牙璋：积石山银川乡出土一件。两侧内收。

6. 斧、锛、凿：为工具演化而来的玉器。制造工艺粗精不一。锛、凿多为一面刃长方形。斧的顶部往往不齐整，可嵌于木柄中。

7. 圭、铲：属磨制较精的玉器。多数作品薄而长，表面磨光。

❸ 石家河文化玉器

　　石家河文化分布于湖北、湖南、河南局部地区，文化中心区域在江汉平原。20世纪80年代之前，学者对一些遗址的命名不太一致。80年代后期，石家河文化的特点及分布日见明确，文化命名也取得共识。它的年代同龙山文化、良渚文化大体相同。

　　石家河文化遗址已发现多处。许多遗址中出土了玉器，图 27、28 较重要的发掘有如下之处。

　　1. 罗家柏岭遗址：出土玉器四十多件，有玉凤、玉兽面、玉蝉、玉璧、璜、管、棒形器等。

　　2. 钟祥六合遗址：遗址瓮棺中清理出玉器17件，为玉人首、玉锛、玉簪、玉璜、玉兽、玉管、玉坠。瓮棺的形制同石家河同类器物相同。钟祥地区文化普查中，还发现有玉制的鹰凿、簪。

　　3. 湖北天门石家河新石器时代遗址：由北大考古系、荆州博物馆、湖北考古所联合发掘。肖家屋脊17座瓮棺中贮玉器12件，其中W2中有56件，发现玉器有纺轮、簪、叉形器、璜、坠、珠、锥形器、鹰、兽面、人面等。

　　4. 江陵马山镇枣林岗遗址：发现玉器约200件，有琮、璜、刀、锛、锥形器、凿、簪、人面兽、蝉、散见的玉牙璋、镂雕玉凤、玉龙等。

　　从以上情况可以看到，石家河文化用玉量已很大，有较系统的用玉体系，有由工具演变

图 27　新石器时代石家河文化　玉蝉

图 28　新石器时代石家河文化　玉凤

而来的玉器，几何形状的玉器，还有较多的仿生物玉器。在加工上，石家河文化具备了很高的加工技术，能够进行较复杂的器型及纹饰加工。从玉器上我们能看到下列情况。

1. **开料**：有很好的玉器开料技术。一些玉斧、玉璧为较规范的片状玉，还有一些佩玉，薄而均匀，且边缘非刃状，说明开片后较少进行磨光，而是进行了较准确的开片制胚，尔后进行加工。石家河玉器制造表现出较成熟的开片技术和玉切割技术。

2. **片状玉器加工**：很多属石家河文化的玉器都是片状，其中人、兽题材的玉佩占有很大比例，作品的外形由复杂的线条构成。外形较红山文化、良渚文化的同类玉器复杂，表现出作者对立体器物外形轮廓能进行较好的把握。这些作品的中部往往呈凸起的状态，似乎有一条纵向的对称轴，而细部图案加工则似于轴线两侧完成。

3. **线条的运用**：石家河文化玉器上较多地运用了凸线线条与阴线线条进行图案的表现。阴线线条有直线、弧线，一般来看线条直而宽，似深槽，为砣具琢出，很难见到良渚文化玉器上那种手工刻画而出的细阴刻线。玉器上的凸线线条则较多地出现，而且种类很多，构成不同的装饰线，有些为较长的弧线，有些为较短的弧形折线，在人与兽的面部较多地使用。另外还有一些近似于环形的封闭线路，装饰于人的头部。这些凸线粗细均匀，起凸很浅，两侧的地子又非常平直，不会出现凸凹状，表现出非常特殊的加工特点，给人一种用手工方式磨制而成的感觉。

4. **钻孔**：石家河文化玉器上多有钻孔。目前发现的属石家河文化的玉人多数都带有大耳，耳垂之下有一大孔，似有耳环。一般看来，孔的加工很精致，孔的端部较圆，孔壁与上平面接转处有棱角，孔壁平直，孔径略有变化。

5. **镂空**：六合出土一件圆形玉饰（见《考古》1987年2期），边缘较薄，外缘镂一周钻孔。中间有镂空"井"字形图案，系钻孔后修改而成。湖南出土的一件镂雕玉龙和一件镂雕玉凤，采用了非常复杂的平面穿透性镂雕。它的基本镂雕方法，依然是钻孔与线磨相结合，先打孔，再穿线拉磨而成，镂空部位的宽度与上述玉饰近似。

6. **平面图案**：石家河文化玉器上尚未见单纯的局部性装饰图案。已发现的人面、兽面、鸟、蝉等皆有相应的外形，将图案与器形相结合。

石家河文化的玉器已发现有可实用工具、礼器、装饰、动物、人物等不同类别。

1．工具

主要是斧类，用材较好，加工较细，美观而实用。又可分为两种，一种为短斧，其形短而宽，而且较厚，一端有刃，刃部平直，近似直线，两面的磨成坡面构成。石家河文化的短斧，刃部平直近似直线，两面的磨面较明显，且磨面不对称。角度大小不一致，一些斧上带有穿孔，穿孔的位置不确定。另一种是长形斧，整体上近似长方形，较短斧要薄，或有孔，或无孔，有些作品不甚方正，刃部略斜。

2．礼器及礼仪用器

我们把琮、璧、圭、璋、璜、琥称之为玉礼器。很多新石器时代文化遗址都出现了玉礼器和玉兵器。玉兵器可能是军权的象征，亦可用于礼仪活动。

玉钺：近似于方形，较薄，前部为弧形刃，中心有一大孔。

牙璋：汪家屋台遗址出土，长条形，一端似柄，可系绳，称之为"内"，内与牙璋前部之间有向两侧凸出的装饰性齿牙，内上有一穿孔。牙璋的前端一般都有刃，目前发现的石家河文化的牙璋，前部有两种。一种端部略显平齐，形状同商早期的戚相似。另一种前端有两个尖角。

璧、璜：罗家柏岭遗址出土了少量玉璧，厚度不甚均匀。多处遗址出土有璜，形状不统一。有的带有一个穿孔，有的带有两个穿孔。

3．佩饰类玉件

锥形玉：主体为粗细不等的长圆柱体。直径粗细有变化，一端或为榫，另一端呈尖顶状。直径变化往往出现台阶形，有明显的分界。这种玉饰上常有穿孔，或在玉器的中部或在玉器的榫部，可以穿绳而用。有些作品细而长，是用于头部的发簪。

柱形玉：又可分为不同的类别。A．短玉勒：圆柱形，短而粗，中心有一面孔贯于两端；B．枣形玉：形似圆枣，有的在一端带有一榫；C．细腰勒：圆柱形，两端平，中部较细；D．片形玉：薄片形，略小，有些似柄形器，有些似圭。

4．动物类玉饰

兽首饰：有片状的和立体的多种。一般为大耳，圆眼、头部整体似方形，眼、鼻在头的前部。在造型上，额部、下颌、耳廓有不同的构成方式。额部有直线形额顶，额线及耳在同一直线上。"人字"形额线，在两耳之间，凸起一"人"字形的额顶，这种额顶又类似某些玉人的冠。额部有三种最为常见：①呈向下的弧形。②鼻端与两颊成一直线。③鼻端略向下凸，与两颊形成阶差。一般为直鼻，鼻的宽度约占面宽的三分之一，极个别的作品带有弧形鼻翼。

蝉：呈较厚的片状，分为头、颈、翅三部分或头翅两部分。头部宽而有一个前凸的尖嘴，双眼似于背部，不是向前看，而是向上看。颈部短宽，近似长方形，其上或有横向的条纹。翅呈上窄下宽的形状，下端较平，两侧端部呈向外歧出的尖状，蝉身、头、颈及双翅间往往有凹下的槽形界。

玉鹰：以钩喙巨眼为主要特点。目前已发现两种圆形作品。其一发现于零林岗，呈细长的圆柱形，一端形成鹰状，柱中段形翅，翅卷于柱身，类似的作品在商代遗址中有所发现。故宫博物院于20世纪80年代初收冀朝先生遗物捐赠中有一件，可见其影响之广。第二种为展翅的圆雕作品，发现于肖家屋脊，圆头、粗颈、翅较厚，翅及鹰身有粗阴线表示的物。这件圆雕玉鹰是石家河文化玉器中造型准确性高、成型难度最大的作品。

玉凤：典型作品是罗家柏岭出土的一件作品。作品整体呈环状片形，雕一首尾相接的凤。凤尾分成两支长带，端部宽而为簇状。凤身饰凸起的弦线纹，表示凤翅。在新石器时代的玉器上很少出现凸线装饰纹。在辽宁红山文化遗址出土的玉蝉上，有环绕于蝉身的凸线。山东龙山文化遗址出现的玉簪之柄，有环绕于柄的凸线装饰。但是这些凸线纹没有摆脱环线的形状，加工较单一。而玉凤上的饰线则为平面上的凸线，它的加工方式要复杂得多。加工特点又给我们识别世传的凸线纹玉器提供了借鉴。

玉人首：玉人首是石家河文化玉器中最重要的作品。从成型方式上约有三类：一为片状的侧面人首，二为平面的正面人首，三为半圆形或圆形的凸面人首。还有一些介于二三类间的面部微凸的玉人首。

侧面型玉人首出土于肖家屋脊遗址，头顶上凸，整体为弧形玉片，一端为人首，头顶上凸，似戴洒尖顶帽。

平面的正面人首在肖家屋脊有出土，人首外形较方，阴线似用砣磨。类似的作品在其他遗址中也有出现。一些作品的表面微上凸。现已发现的石家河文化玉人首的帽、耳、眼、鼻、口大致有以下几种类型。帽，有方条形帽，有两端下弯帽，有顶部上凸的条形帽。耳，较大，平面片状，耳下有环。眼，较大，近似于桃核形。一些作品有双层的眼眶。鼻，有条形鼻，呈竖条形，下端较方。阔鼻无鼻梁，鼻翼横宽，下尖鼻，鼻较宽，端部向下有尖。嘴，近似于扁环形的阔嘴，双线形嘴，中部上翘或下凹。带有獠牙的嘴，上、下犬齿长，长出嘴外。

圆雕人首：一些遗址中出现了圆雕的人首，作品的脸较凸，向外鼓出，很有特点。

传世的石家河文化玉器。传世玉器中有一批作品，其上饰有凸线的鹰鸟图案或兽面图案，有些还带有阴线兽面图案组合。典型作品有以上海博物馆藏攫人首佩为代表的鹰攫人首纹的作品。台湾故宫藏鹰徽玉人首为代表的人首纹作品。这类作品中的某些图案与石家河文化图案类似，某些图案与龙山文化图案类似，而凸线的运用也同石家河文化玉器类似，它们的制造年代应在龙山文化或石家河文化时期。

❹ 良渚文化玉器

良渚文化是分布于长江下游太湖地区的新石器文化，因浙江余杭良渚遗址的发现而得名。近十几年，文化遗址大量被发现，出土了数量众多的玉器，**图 29～34**
浙江余杭瑶山、反山遗址出土的玉器，总数约有三四千件。另外，上海青浦县福泉山遗址出土了大量玉器，江苏地区也有许多遗址出土了较多的玉器，武进县寺墩3号墓出土琮、璧57件，这些情况表明了良渚文化玉器使用的普及程度。

图 29　良渚文化　龙首纹玉环

图 30　良渚文化　有盖玉筒

图32　良渚文化　兽面纹冠形玉饰

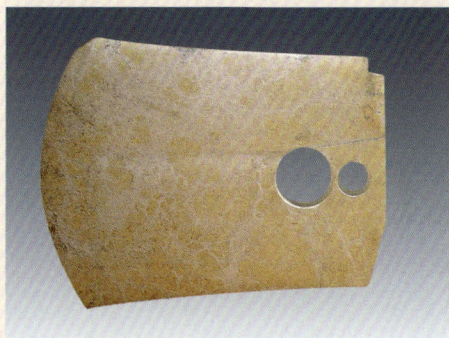

图31　良渚文化　玉琮

图33　良渚文化　玉钺

图34　良渚文化　兽面纹玉饰件

良渚文化玉器使用的玉材可分为多种。一种为透闪石类矿物，同新疆和田玉类似，以青色、青绿色为多，同和田玉料相比，较和田玉色艳，色匀，透明度高，目前在浙江已发现此类玉矿。一些学者称这类玉材为真玉。另一类属角内石类矿族。硬度不如前一种高，几乎没有透明感，有些带有云母状亮斑，以青色、赭色玉为多，一些学者称之为假玉。另外，还有良渚文化遗址中出土牙黄色玉的报道，可能是蛇纹岩类的材料。

同红山文化玉器相比，良渚文化玉器上的沁色更加复杂。所谓沁色是玉器在土中埋藏后产生的颜色变化，沁色形成的原因同土壤所含的化学元素成分有关。许多良渚文化玉器上带有沁色，常见的有两种，一为白色，一为棕色。白色沁色或如薄雾，藏家称为水沁；或如石灰结板，藏家称为石灰沁，作品表面已变软，似有很厚的一层板结。有学者猜测，这类情况可能是在玉器制造时为降低玉材表面硬度而进行的特殊处理。

良渚文化时期人们掌握了非常成熟的玉器加工技术。大致可归纳为下列几个方面。

开料：良渚文化玉器所用玉料较大，且是从较大块的玉料上截下，采矿时可采用打击与炸裂等方式。从良渚文化玉器上的火烧痕较重的情况看，当时可能用将玉料火烧后浸水炸断的方法断料。常见的开料有两种，一种为开片，一种为立体器物开料。良渚文化片状器的厚度一般较大，仅有少量的镂雕玉器、玉钺、玉璜厚度略小，而玉璧和由玉片加工而成的玉叉形器等厚度都较大，开片时使用绳线加水、加沙进行拉磨锯料。开出料后表面又进行研磨，使玉片较平整。但对较重的开料痕则不能完全磨去，往往留下开料的痕迹。良渚文化立体型玉器有立方体（如玉琮）、圆柱形（如玉柱）及由立方体演变而出的其他立体器物（如玉带钩）。立方体器物的开料是将玉块进行切割而成。圆柱体玉器数量较少，且体积小，多数是用制造玉琮掏膛时掏出的圆柱形玉心制成。少量筒状器可能采用了线切割。从上述情况看，良渚文化玉器的采矿，除大型料的破裂外，一般都用线切割技术。用线绳加沙、加水拉磨，许多器物上留有弧状切割痕，另外还采用了片切割方式。

钻孔：良渚文化玉器多数为有孔玉器，一方面是为了造型的需要或捆扎、固定，一方面是为了拴挂携带。一般的小孔是用实心钻钻通的，可能使用的是石质钻头或木质钻头。端部有磨损，钻出的孔直径变化较大，有较大的孔也是用实心钻钻出的。一些孔的制造采用了空心管钻，用管钻钻出的孔口沿齐整，孔壁开直，孔型规矩，一些孔壁上留有螺旋形钻纹。

起凸：良渚玉器上较多地出现了凸起的纹饰。主要为兽面纹及人面纹，有时仅见于眼鼻嘴等局部。另外，一些玉器上饰有凸起的鸟纹，一些龙首环上的兽面也用起凸装饰。这些起凸装饰呈片状，很浅，如薄纸，有的有二层，起凸之上又有起凸，装饰部位的边线或很规整或很粗糙。

出榫：出榫的加工同起凸类似，都是琢去多余部分，留出所需部分。良渚玉器上最精彩的出榫见于三叉形器，三叉皆呈榫状。方柱形，相互平行，边棱准确。另外还见有嵌榫及榫柄两种。嵌榫见于冠状器下部与木柄相接处。有相并的双榫，方而薄，其上有孔，玉嵌于木中，孔内可插入销子固定。榫柄则见于锥形器的端部，似榫似柄，其上有孔，可穿绳系挂。

光亮：良渚文化玉器制造中采用了抛光技术。一些作品表面有较强的亮光。

阴线：由于玉材的硬度较高，玉器上刻线在新石器时代还是难度较大的工艺。良渚玉器中，有图案作品占有相当的比例，图案又以阴线图案为主。良渚文化玉器上的阴线有三种。一种为砣具琢出的阴线，一种为手工刻出的阴线，一种为刃状器磨出的阴线。砣具琢出的阴线一般宽而浅，出现得很少，在玉蛙等作品上能见到。另外，良渚文化遗址中也很少能见到那种用来琢出细线的薄环。手工刻线主要用于加工玉器上的细线装饰纹。良渚文化遗址中能见到石英岩制成的细岩柱，岩柱一端呈尖状。这类石英岩的硬度很高，可以用来刻画玉器。良渚玉器上有一些直线纹装饰阴线，线条平直，槽底光滑，具有用刃状器磨制的特征。另外，一些玉器上常见到宽而浅的弧状凹槽，也是用砣具砣出。

阴线环：良渚玉器上装饰的人兽纹饰，眼部往往用阴线环表示。这类环形阴线一般都是用管形钻头旋转琢出，线槽浅而光滑。所用管类工具质地如何，目前尚难确定。

良渚文化时期，玉器的使用已非常普遍，主要见于巫术、礼器、人身符坠、工具、用具等。常见的、具有代表性的品种主要有下列器物。

1. 琮：琮是指立方体，两端贯以通孔的器物。琮形器在华西、华东、华南地区新石器文化遗存中都有发现。各地的用法有别，样式也不尽相同。良渚文化遗址中出现了很多琮形器，属多样式玉器，用法也应是多种多样的，但以外表分节且有纹饰为主要特点。

（1）高型琮：整体为方柱形。一般来看，八节以上的琮呈上宽下窄的样式。外表饰人面纹，纹饰简练，有些作品上的纹饰不很明确。每一面的中部纵向琢出线槽。有些琮的上口处刻有阴线符号。这类琮多用似玉、似石的青绿色材料制成。八节以下的琮种类有变化。琮的横截面有些呈方形，有些呈圆角方形。横截面呈圆角方形的琮往往孔径较大，且纹饰多以神人纹及兽面纹交错出现，组成神人兽面纹的图案组合。

(2)二节琮：多为较矮的立方体，四面宽度大致相等，上下宽度一致。中部有一个自上而下通孔。一些作品的孔径较细。琮的上下两端称之为"射"，一般为凸起的环形，有些圆而似璧。

（3）琮形器：一些器物形状与琮类似，但用法不同于上两类玉琮。常见的有两类。一为小玉琮或称琮形，形状同大琮。中部孔径略大，整体的尺寸很小。这类小琮有多种用法。另一类似琮，又似环镯，是把琮上的装饰方法施用于薄壁型筒状器。

2．璧：良渚文化的璧较厚，孔较小，璧的直径在20厘米左右，较大的达30厘米。所用材料较差，目前尚未见有透闪石类"真玉"玉璧的报道。由于开片技术的落后，璧的厚度不甚均匀，孔壁不很平滑，往往留有对钻璧孔时出现的错碴，一些璧的外缘有较浅的凹槽。

3．璜：人们把古代的弧形玉片定名为璜。良渚文化出现的玉璜很多，样式也有多种，常见的有下列样式。A．双弧式。外侧为大的弧形，底弦中部有一个小的弧形的缺。B．桥式。形状似桥，两端下弯，上部略呈直线形，下部凹口的中段也呈直线形。C．半璧式。璜的形状为半个圆周或大于半个圆周。D．无下部凹缺。下弦呈一条直线。E．镂雕玉璜，外形似璜，其上多处镂雕图案。良渚玉璜中有较多的饰纹璜。饰纹多为兽面纹或神人兽面纹，有阴刻图案，浮雕图案及镂雕图案等。

4．柱形器、锥形器：良渚文化玉器中出现了许多柱形玉器。这些器物多具一端呈尖状，另一端略粗，有榫，可穿系的特征。

5．冠状器、玉叉形器、觽、钺：诸器亦为良渚文化时期经常使用的器物，一些冠状器可能是斧、钺等器物柄部装饰。玉叉形器的用法尚需进一步研究，钺为玉质兵器，非常用器，可能是兵权的象征。觽形似角，是佩戴于人身的器物。一些玉冠状器、玉叉形器、钺上饰有精致的神人兽面纹饰，器物制造得也较精致。

6．玉动物：目前已发现的良渚文化玉动物有鸟、鱼、蝉、蛙、龟等。这些动物的造型与真实的动物有很大的区别。有的作品较为夸张，作品多带有新石器时期动物造型的神韵，应从整体上把握。

良渚文化玉器的装饰纹样也很有特征，又以人面纹、兽面纹、鸟纹最为常见，还有一些锦地纹及二方连续花纹。人面纹分为正面人面纹与侧面人面纹两种。正面人面纹为完整的神像，头部有明显的阔冠，一些学者称之为"介"形冠，冠上有嵌羽毛装饰，人的眼部为环形。这类图案往往出现于非实用的，与巫术或权力有关的器物上。侧面人像图案有繁有简，一些图案如同正面图案的一半，有明显的羽冠。一些则很简单，尤其是柱形琮琮角上的人面图案，往往仅有头部的横向额线，鼻部的回纹及环形眼，无其他的面部装饰。

❺ 红山文化的玉器

红山文化是分布于我国东北地区的新石器时代文化，距今约四千五百年至六千年，因1935年赤峰红山遗址的发掘而得名。主要遗址分布在内蒙东南部、辽宁西部、河北北部、吉林西北部。近十几年，在红山文化遗址中发现了许多玉器，<u>图 35、36、37</u> 尤其是辽河上游流域发现了一批包括龙及多种动物题材的

图35 红山文化 马蹄形玉器（发箍）

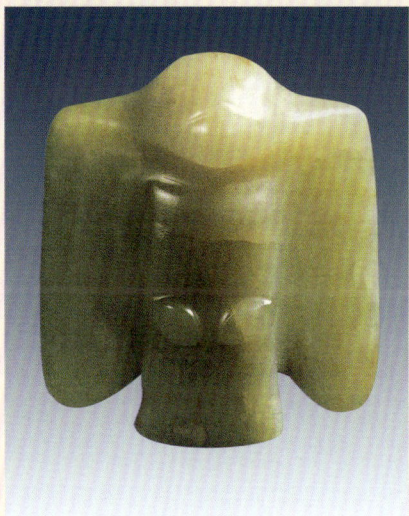

图36 红山文化 玉鹰

图37 红山文化 玉兽面

玉器。这些玉器的发现证实，在传世玉器中许多动物题材的作品，应属红山文化时期制造。

红山文化玉器主要有两类，一类为几何形体，主要有箍形器、方形器、钩形器、云形器。另一类为动物形玉器，主要有玉龙、鸟、龟、蝉等。

在新石器时代的玉器中，红山文化玉器使用的材质较好，较多地使用了属透闪石类的玉材。这种材料质地细密，硬度较高，硬度一般在6~6.5度。色泽也很均匀，美感程度可与新疆玉媲美。玉的颜色有苍绿、青绿、青黄色。辽宁凌源三官甸子出土的一件兽首三孔器，玉色近于青白，这在红山文化玉器中是不多见的。此外，红山文化玉器中还有许多蛇纹岩玉作品，所用之玉多呈青绿色或青黄色，透明度很低。

红山文化玉器上，往往带有沁色，但不十分重。常见的有三种。1.白色水沁。似雾状，在表面有很浅的一层。2.黄褐色土沁。以阜新胡头沟出土三联璧上的沁色为代表。3.黑色水银沁。出现于白玉作品上，代表作品为辽宁凌源三官甸子兽首三孔器。另外有一些作品上还带有玉璞上的石皮。

玉器制造中采用了开片、掏膛、钻刻线、抛光、去薄等主要技术。

开片：即开片下料。依所需器物形状从较大玉材上切割所用之料。据分析，采取的是线切割的方法。一些大型玉龙、兽头玦用料较厚大，而钩形器、云形器用料呈薄片状，厚度较均匀。

掏膛：主要见于筒形器的制造。运用钻孔和切割相结合的方法进行。红山文化特有的大玉龙，制造时就是先开出玉片，再掏空中部加工而成。

钻孔：红山文化的玉器一般都有孔，以便系挂。孔有大小之分，多数为小孔，是用以系挂的。还有一些孔较大，是器物造型需要的。如玦形器或方形器，中心往往有较大的孔。玉器上的孔多是用柱形器钻出的。钻孔时可能还使用了较硬的沙钻柱。沙与孔壁相互磨蚀，孔愈深而孔径愈小。这种钻孔方式很难一次钻出很深的孔，因而较长的孔多由两端对钻而成。一些大孔径或长条形的穿孔，往往先钻小孔，再用线穿过，进行拉磨。

红山文化玉器上大量运用了起凸技术，如凸起的弦线、鸟兽的眼部。起凸多为挤压法制出，即把凸起部分的两侧剔去而留出凸线。

另外，红山文化玉器上经常出现阴线纹。主要有几种：1.宽而浅的粗阴线，多用于云形玉器的表面，兽头的面部。2.较粗的阴线纹，在一些玉器上呈弧线状，在一些玉器上呈网格纹。3.细阴线纹，如兽头玦的眼部、牙部用细阴线刻线。4.用砣机砣磨出的阴线纹。

光亮：玉制成后表面要磨光。红山文化玉器表面无玻璃光，但光泽细腻，个别玉器表面有斑坑，坑很小，且深，密集状，形成的原因尚不清楚，可能是埋藏所致，也可能是制造时工艺不佳。

目前考古发现的红山文化玉器还不多，人们对红山文化玉器的认识尚不全面，还有待于深化。

红山文化的马蹄形器

一种筒形玉器，其中一端较另一端粗，粗的一端口部呈坡状，另一端的壁上往往有两个小孔。有一些短的作品形状近似于马蹄，因而又称马蹄形器。

马蹄形器的截面并不甚圆，往往呈一椭圆形。两端间的通孔较大，壁较薄。制造时，先将两端钻通，再穿过线，加沙进行拉磨，切割出孔，因而器物的内壁上往往带有切割时留下的痕迹。马蹄形器的长短大小不一。有一些较大，有一些较小。大器物的下端，侧壁上往往有小孔。

对于马蹄形器的用途，人们进行了多种推测。有学者认为它是仿照牛骨制成的生产工具。有学者认为，马蹄形器往往出土于人头骨下，因而是束发的发箍。本世纪初的一些学者研究玉器时，也称这种玉器为发箍。

马蹄形器的仿制品主要见于现代，古玩市场上随处可见。由于其制造工艺简单，因而较难识别，鉴别时主要在认定新旧上下工夫。

方形玉片、双联玉片、多联玉片

红山文化玉器中出现了多种大孔玉片，可分为单孔玉片、双联玉片、多联玉片几类。

单孔玉片为单一几何形。目前我们仅知道有方形玉片，长12.5厘米，宽10.5

厘米。是红山文化玉器的典型作品。器近似于长方形，中心有一个较大的孔，上部有两个小孔，可以穿绳系挂。器物有如下特点：1.较薄厚度不甚均匀，内、外边缘皆呈坡形，似有刃。2.四角不甚尖，为圆角，因而使用时，不用器物角部刻画。四边略呈弧线，不甚直。目前我们见到的红山文化玉器上还没有发现笔直的直线线条。其原因并非是不能制造，而是玉器制造中对直线的审美尚不充足。3.是悬挂使用的。除了方形之外，红山文化玉器中一定会有圆形或其他形状的单孔玉片，有待于人们不断地发现和认识。

双联玉片和多联玉片为两个或多个单孔玉片相连接，典型作品为辽宁建平牛河梁出土的二联璧及三联璧。作品为多个相连的小环，或纵向排列，或横向排列。纵向排列的多联玉片中，下端的玉片较大，上端的玉片较小。这些作品往往带有下列特点：1.边缘呈坡状，开片较薄。2.由一整片玉制成，分段处略有分割，分割处由两侧向内凹，凹口呈楔状。3.钻孔较大，由两面对钻，但一面钻得较深，呈喇叭口形。4.每一联都近似于圆形，边缘往往出现较短的直线，似直线切割。

辽宁省博物馆藏有一件横向相连的双联玉片。作品上端近似直线，下端呈双联弧形。各片中部有一孔。器两侧的上端各有一耳形装饰。整个器物似眼罩，但它的真实用途尚不能确定。

凌源县三官甸子出土的一件三孔器，是多联玉中的精品。此器较一般三联玉片要厚了许多。主体似三个相连的指环。每一环的孔都很大。孔壁略薄，器两端各有一兽头形装饰。这件玉器用玉不一般，比红山文化用玉玉色更白，钻孔大而孔壁平直，完全不同于常见的红山玉器，给人们以思索。

钩形器、云形器和丫形器

红山文化的钩形玉、云形玉和丫形玉皆为片形玉器，制造上皆有中部厚，边部薄的特点。

钩形玉的器型较小，长度一般不超过10厘米，形似刀，一端似柄。呈窄长条形，其上有一小孔。主体部分似刀身，略宽，前端向一侧弯而成钩形。器表面光素平滑。柄与器身相接处有两道凸起的弦纹，纹较浅。端部出榫。这种钩形器可能是随身悬挂的小型工具，或是某种工具的崇拜物。使用的时间较长，商代玉器中还能看到它的影响。

　　云形器是一种不规则的镂雕玉片，它的中部可能有镂雕的条形孔，外部呈多杈状，有的作品出杈非常不规则，形状奇特。故宫博物院的一件藏品，曾被认为是羊形，又被认为是梳形，经考证，应为透雕兽面玉片的残件。这类不规则作品在传世玉器中很多，只因它们的制造风格与红山文化遗址出土的作品相似，因而一般被认为是红山文化的作品。它们的制造年代和用途，还有待于进一步证明。云形器的典型作品为凌源三官甸子出土的一件作品。作品主体部位近似于长方形。两侧各有两个凸出的长杈形玉榫。类似的器物在红山文化遗址中还有出土。这一类器物大体上有如下特点：1.器较薄，边缘呈坡状。尤其是出杈部位，明显地表现出边缘薄中部厚的特点。2.中部多有长条形孔，有些孔呈"C"字形，孔的边缘较平滑，并呈向内的坡状。这种孔的加工，一般是先钻透小孔，穿过线进行拉磨。有的孔可能是直接磨出的。3.表面有宽而浅的凹槽，槽很长，随器形变化，槽底部呈圆滑的弧状。4.一些作品呈对称形，一些作品为规则形。5.器上有小穿孔，可穿绳悬挂。6.一些作品上有尖钩形的出榫（凸出的刺状饰）。

　　丫形器亦为片形玉，上部似兽头，有上竖的双耳。双耳大而薄，耳间有较深的凹凸。器表面雕兽面纹，有较明显的双联环形眼廓。眼廓下或有宽而薄的阔形嘴。器下部似柄，略窄于上部，但很长。其上有凹凸相间的横节纹，下部有孔。由于孔在下部，因而器物可能是穿绳系于柄上使用。一些作品的兽头下有横出的隔榫。这类器物的代表作品为辽宁阜新福兴地出土的丫形器，器长约12.1厘米。

龙形玦、兽头玦和虫形玦

　　古人称不完全的环为玦，谓其"环而不周"。红山文化玉器中已有大量玉玦，玦的一端往往制成动物形状，表现出较高的造型艺术水平，且区别于其他地区的玉玦。

　　龙形玦又被称为红山文化大玉龙，**图 38** 它以内蒙古翁牛特旗三

图38　红山文化　玉龙

星它拉村发现的作品为代表。另外还有一些类似的作品，在本世纪中叶已开始在社会上流传。这些作品形状大致相同，尺寸略异。龙的整体呈"C"形，似环，身前蜷。尾部接近于头部，头部稍大，嘴前部平齐，颈部有较长的鬣，额顶部有网格形装饰。龙身截面呈椭圆形，鬣部则呈片状。鬣的下方有一穿孔。这类玉龙一般都较大。三星它拉发现的作品，最大直径26厘米，使用时可能被持于手中，也可能被悬挂。它象征着一种超自然的力量。这种玉龙形状来源于何种动物，目前还不能最后肯定，其中有许多想象的成分，是多种动物特点的合成。

红山文化的兽头玦 图 39 早已在社会上流传。最初人们并不知道它们的制造年代，往往认为是商代或其后的作品。近十几年，红山文化遗址中发现了一些兽状玦，人们才对这类作品有了认识。兽头玦一般都较厚重，用团形玉籽雕成，中部钻一孔。兽头及兽身环孔而蜷曲，兽头及尾相近，或完全断开，或微有连接。一些作品的嘴部还带有细阴线画出的獠牙。头很大，双耳上竖，眼部有粗阴线纹和细阴线纹组成的环形眼廓。颈部有一小孔，可穿绳，有的作品颈部有两个小孔。可能是第一个孔的位置不当悬挂时器物不能摆正。于是又钻了第二个孔。玦中心的大孔，完全是适应造型需要而制，是钻出的，孔大而圆。内壁非常光滑。兽头玦与龙形玦在制造方式上有很大区别。龙形玦在掏膛、龙身的成型上要复杂得多，两种动物的头部也不相同。一为长鬣，一为大耳。因而表现的是两种不同的动物崇拜。

虫形玦的体积一般都较小，身体光滑而成"C"形。头部简单，阴刻环形眼，无耳，颈后有一孔，是随身佩戴的小玉件。

图39 红山文化 玉兽头玦

三孔器

1979年，辽宁省凌源县三官甸子城子山红山文化遗址1号墓出土了一件玉三孔器。 图 40 长9.2厘米，高2.8厘米，厚1.8厘米。器的主体部分分为三个通孔并列，两端各有一个兽头，兽头为大耳，橄榄形目，吻头宽大，似猪首。郭大顺先生又认为兽首为熊首。1987年，辽宁省凌源牛河梁红山文化遗址又出土了一件玉雕三孔器，长6.8厘米，高3.1厘米。主体亦为并列三孔，孔较大，三孔之下又各有一小孔，似可穿系。器两侧有装饰，似为人头的侧面剪影，又似带有线条的抽象装饰。

两件玉三孔器皆不是出土于墓地的中心大墓内。第一件出土于距最大墓M2不远的M1墓，且已散出于M1的扰乱土层。因而它不是墓群中最高权力者的用具，而是附属于最高权力者的神职人员的用具。第二件出土于牛河梁第二地点一号冢所属的17号墓，亦属中心大墓的附属墓。对于三孔器的用途有多种推测。第一件三孔器的孔较大，能套于食指、中指、无名指三个指上，应是一种指饰。使用时套于指上。有的学者认为它是巫师使用的巫具。还有的学者认为，器上并列的三重环，可能代表三重天，也可能表示太阳。三孔器在不同地点的出现，说明这类器物的流行情况

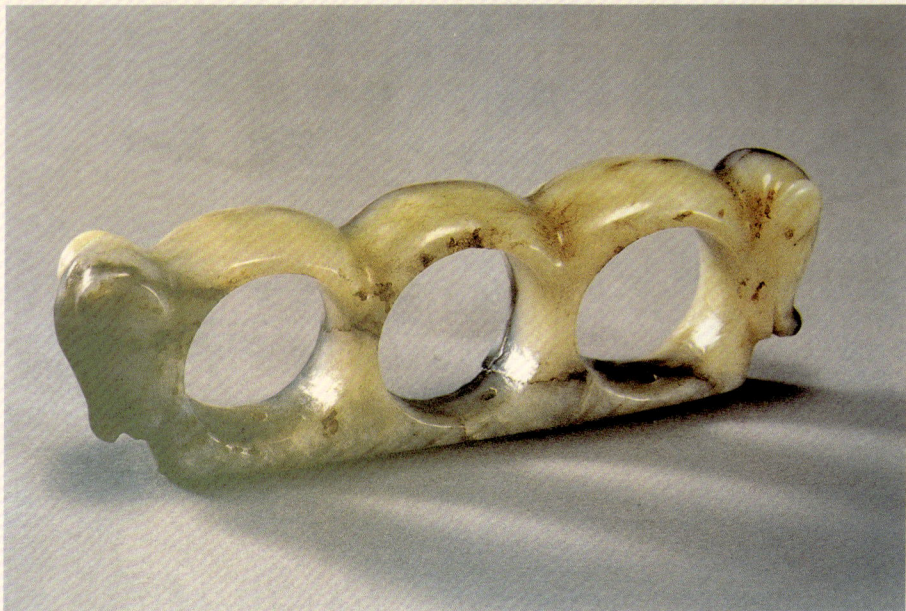

图40　红山文化　玉三孔器

和使用的普遍性。

从第一件三孔器上可以看到如下几项加工特点：器物的顶部呈连弧形，侧面亦呈连弧形，两弧间的凹处较浅。钻孔较大，孔壁较直，这同一般红山文化玉器的钻孔略有不同。一般红山文化玉器的孔径多有变化，中部孔径较小，两端较大。所用玉材较一般作品为白，呈青白色。玉上还带有少量黑色，可能是玉材中共生的颜色，也有可能是埋于土中产生的色变。

红山文化玉器中的鸟、蝉、龟

图 41

图 41 红山文化 玉龟

红山文化的玉鸟一般都较小。目前发现的玉鸟皆小头，尖喙，大翅，属食肉类猛禽。鸟的腹面刻画较细致，有较多的凸凹变化及鸟头的面部、足爪等。背部雕琢得较平淡，因而所表现的为仰视的鸟。一般来看，玉鸟的背部都有一个穿孔，可能是用来穿系绳，以备悬挂的。辽宁阜新胡头沟出土的玉鸟，具有两种不同的风格。一种略厚，整体近似于方形，两翅的上端较平直，似有肩，小头。这种风格的玉鸟，世传玉器中也有一些，一般在鸟翅的腹面一侧带有凸起的弦纹。另一种风格的玉鸟，身短而翅张。整体近似于长方形，与鸟形比较，翅的比例更大。翅的上端呈隆起的弧状。这两种玉鸟的腹部都较厚，翅的边缘较薄，有较明显的立体感。

（二）仿制的新石器时代玉器

常见的仿制新石器文化玉器为仿红山文化玉、仿良渚文化玉及其他文化玉器。目前市场上出现的红山文化玉器大多为仿制品。为了鉴定玉器的真假，了解作品的流传历史是必要的。一般来讲,红山文化玉器有如下特征:所用之玉类似岫岩玉,但硬度高,透光度低于岫岩玉。特点类似新疆和田玉,常见的有青黄色及青绿色两种玉料。作品或为片状,或为圆雕。片状作品较薄,边缘处更薄,似有刃。圆雕作品多呈柱状。玉器加工中大量使用开片技术、钻孔技术及线条装饰技术,开片以线切割为主,即用线条拉磨而成。钻孔的孔壁光滑,孔径有变化。常见的线条有四种。一曰宽而浅的阴线槽,槽两侧呈坡状。二曰粗阴线,线槽较深,不甚宽,或组成网格纹饰于兽身,或在兽头眼部呈环状。三曰细阴线,线条纤细若丝,且很浅,用于兽面的局部装饰。四曰细弦线,也就是凸起的细线,较少见,仅见于玉蝉之身。目前,仿红山文化玉器大量出现,原因在于人们对红山文化玉器的重视,也在于红山文化玉器的许多品种造型和纹饰都十分简练,极容易仿制。常见的仿红山文化玉器主要有玉鸟兽形饰和片形玉器。仿制的玉鸟做得同遗址中发现的玉鸟非常相似。不是经常摆弄这些器物的人很难断定它们的真伪。一般来说,假的红山文化玉鸟在大小、厚薄及线条的粗细运用上还有不足之处,所用的材料同红山文化玉器也有区别。兽形块为圆柱弯成的环形,一侧有缺口,缺口的一端雕兽头,头较大,耳上竖,呈大三角形。传世玉器中,属红山文化的玉兽形块确实很多,也有一些属于商代作品,尺寸、样式有很多变化。仿制的作品形状往往不准确,尤其是头型、眼形和钻孔的方法,同真实作品有一定的差距。仿制红山文化片状玉器,形状多不规则,且多有边缘薄、中部厚的特点。判断它们的真伪,主要依据其材质及其新旧程度。

新石器时代良渚文化遗址出土了大量玉器,主要有琮、璧、璜、镯、冠形器、柱形器等。品种多,出土量大。北京故宫收藏有刻着乾隆御制诗的良渚文化玉器,说明清中期良渚文化玉器已被大量发现。仿制良渚文化玉器的活动出现得很早。宋代龙泉窑瓷器中有仿良渚文化的琮式瓶,因而在宋代就可能出现了仿制的良渚文化玉器。明清两代,仿古玉器发达,其中有许多作品是仿良渚文化玉器。近几年,玉器制造行业中出现了以拙工粗料追逐高利的风气。仿古玉出现高潮,其中有大量仿良渚文化玉器。仿制的良渚文化玉器同真正的作品有许多区别。主要表现在以下几个方面:1. 材料。良渚文化玉器所用材料可分为两类,一类为透闪石族矿物。质地近似新疆玉,硬度高,微透光,但质地较新疆玉更细密,光泽感较弱,颜色近于青绿色,与目前能见到的各色新疆和田玉皆不同。第二类为细石状的青绿色或青黄色玉,硬度较低。表面研磨细腻。有些作品玉色斑驳，有些还带有云母状闪光斑。一些人称之为假玉。多数仿良渚文化玉器用料同良渚文化玉器有别。有些是真正的新疆玉，有些是产地不明的透闪石或蛇纹岩族矿物。2．沁色。良渚文化玉器的沁色有多种。浙江地区出土的玉器多带有石灰沁，呈暗白色。江苏地区出土的玉器多带白色雾状水沁。另外江苏地区还出土过牙黄色的玉器。仿制的良渚文化玉器沁色与真玉有别。常见的有假玉石灰沁，在微带白色的硝石上粘上白色，用醋水洗后则脱去。烧烤褐色沁，色暗褐，近似于黑，如烧煳的锅巴。3．纹饰。良渚文化玉器以兽面纹、神人纹、鸟纹最常见。仿制的纹饰往往给人一种不真实的感觉。常见的问题有几种：一曰画蛇添足，在纹饰上增加一些奇怪的装饰。二曰刀法生硬，没有良渚文化玉器应有的刀工。三曰随心所欲，纹饰图案太离谱，一点边际都不沾。4．器型。常见的仿良渚玉器有玉琮、柱形器、冠形器。它们的形状与真正的良渚文化玉器往往有别。玉琮的形状应为方柱体、多节玉琮上部略宽于下部。仿制的玉琮往往把中心做成上下直立的筒状，角部的凸出很明显。

仿新石器时代文化玉器举例

1．仿良渚文化玉琮 图 42

此件为仿品。与良渚文化玉琮相比，表面颜色浮而不实，为染色，纹理纤细。

2. 仿良渚文化玉琮 图 43

　　此件为仿品。作品顶部为方形射，与良渚文化玉琮不同，图案阴线较良渚文化玉器过于粗、深，玉材亦不同。

3. 仿良渚文化二节琮 图 44

　　此件为仿品。表面白斑为后染，人面、兽面纹线条为砣具加工，与良渚文化玉器不同。

4. 仿良渚文化八节琮 图 45-1、45-2

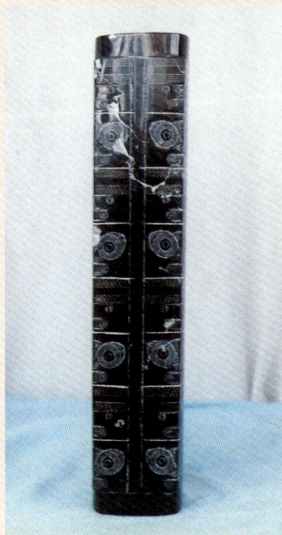

　　此为仿良渚文化玉琮。作品所用玉料为黑绿色，超出一般良渚玉器用料范围。图案结构不同于良渚玉器，如人眼部用双阴线圈表示，这在良渚文化玉器中从未见到。图案线条纤细，不同于良渚玉器。

5. 仿良渚文化神人兽面纹琮 图 46-1、46-2

　　作品为两件长玉琮相接，这一样式作品在目前已知良渚文化玉琮中尚未见到。作品的花纹、图案线条过于纤细平滑，与良渚文化玉器不同。

6. 仿良渚文化多节琮　图 47

作品长114.5厘米,宽15厘米,超出已确认的良渚文化多节琮。对体积超大的作品,应引起注意,视为疑点。作品为方头,表面白斑局部深厚,与良渚文化作品不同。

7. 仿良渚文化玉璧　图 48-1、48-2

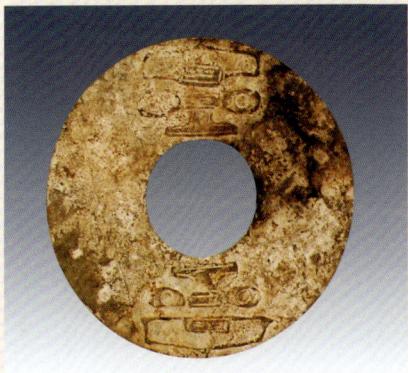

作品两面各饰两个凸起的神人兽面纹,图案边线不正,是人为的仿古图案。目前发现的良渚文化玉璧皆较厚,玉质不好,尚无带神人兽面图案的,与这件作品特点有别。此璧两面皆有图案,与良渚文化玉器常规不符。

8. 仿良渚文化玉斧 图 49

此斧的边棱圆滑，同新石器时代作品不同。兽面图案为细阴线刻出，图案的加工方式、细部结构皆不同于良渚文化玉器。

9. 仿良渚文化玉刀 图 50

器为刀型，较厚，无孔，前端尖而上挑，用玉近似于蛇纹岩类玉料，刀主要部位琢刻细阴线仿良渚文化兽面纹。这一式样的玉刀，成型需要较高的技术，新石器时代中尚未见。且玉刀无孔，不能悬挂又不能接柄，不符合一般规律。图案细而无力，结构又不同于良渚文化玉器。明显的仿古制品。

10. 仿红山文化玉钩形器 图 51

　　作品成片状，前端为弧形刀，一侧出钩，内部外出一榫，其上有孔，内与援之间有栏。作品样式与红山文化钩形玉器近似，但棱线生硬，不同于红山文化作品。刀的端部又出榫，与红山文化作品也不同。所用玉材花斑明显无旧玉感觉。

11. 仿红山文化玉龙 图 52

　　作品所用玉料暗绿色，无光泽，整体似"C"形，一端为龙首、巨眼、阔嘴、长角，龙身素而无纹，中部有一通孔。作品所用玉料与红山文化玉器不同，龙形过于死板，眼大无神，尾部生硬，无古朴之意，应是一件仿制品。

12. 仿石家河文化玉人　图 53

　　作品为半蹲半立状人，头顶有冠，耳下有孔，双手交于胸前。石家河文化遗址出土了较多的玉人首，一些作品头戴矮冠，与此作品类似。上海博物馆还收藏有一件传世玉人，也与此作品相似。与石家河玉器相比较，此作品的加工圆滑细腻，手指、足趾的僵硬感不足，身体的横向沟槽也有差距，表面白斑浮躁，赭斑似后染。为后人仿古玉器。

13. 仿红山文化玉龙　图 54

　　玉龙又称为兽头玦，是发现较多的红山文化玉器，体积或大或小，仿制品也较多。此件作品为仿制。所用透闪石绿玉在红山文化玉器中曾被使用，作品上白斑生硬，面积小而沁入深，不是土中埋藏形成的。龙头与身的比例略与真品不同。龙头之阴线工艺也不同于红山玉器。

七、夏商玉器及仿夏商代玉器

（一）夏及商代早期玉器

陈志达先生在编辑《中国玉器全集·二》时把二里头文化三四期出土的玉器作为商代早期玉器。学界多数人认为二里头文化三四期为夏代文化，二里头文化一二期几乎没有玉器。三四期出土玉器约四五十件。这批玉器同后来的商代玉器有区别，应是这一时期玉器的代表，主要玉器品种及特点如下。

圭：代表作品有两件，皆长条形，片状，一端略宽，似有刃，另一端略窄，有上下排列的两个孔，孔壁平滑，两面对钻而成。一件长21.1厘米，表面饰两组横向的双凸线，凸线的宽度较一致，两线间的线槽宽而平。玉质呈灰白色，为质变色，局部略显青黄，为玉材本色。另一件长17.4厘米。在两孔间有两组较细的双凸线，两组线间有阴线二方连续菱形花纹，作品为牙黄色玉材制成（《中国玉器全集·二》）。

牙璋：牙璋是一种一端有内凹形刃，另一端为内，内与援相接处两侧出栅齿的玉器。在一些商代遗址中相继出土了这类玉器。二里头遗址出土了两件牙璋，皆青玉，两侧双栅齿，表面较平，无饰纹。内部有一个穿孔，穿孔的位置大约在两侧栅齿连线的后侧。同商代中晚期作品相较，作品的内部略短。孔的位置稍向后移。两件牙璋在样式上有区别，一件援部较长，端部不甚尖；另一件援部稍短且宽，刃部两侧有非常尖的芒。这两种牙璋一直使用到商代中晚期。

玉刀、戈、戚、钺：陈志达先生把二里头出土的这四种玉器列为玉礼仪用器（《中国玉器全集·二·夏商玉器综述》）。二里头出土的玉刀呈梯形，较长，上窄下宽，两侧有齿牙，玉刀较厚，上部有横排的穿孔，一件为七孔，一件为三孔，孔壁平直，七孔刀的表面有直阴线组成的成组斜线纹，网状纹，平行于刃部的长直线纹。类似的玉刀在传世玉器中曾有出现，且有局部残段传世。吴大澂《古玉图考》所录的一件玉璋，亦应为玉刀残件。因这类玉刀形体较大，不必选用优质材料。从故宫博物院收藏的作品看，有些选用了长石类材料。戈呈尖锋状，中部的脊线不若中晚期的明显。玉戚或钺《中国玉器全集·二·图10》所录一件中部为大孔，弧状刃由四段直刃接连而成。

柄形器：二里头遗址出土的柄形器有薄片形及方柱形两种。这是我们目前能见到的较早的柄形器。这两类柄形器一直延续使用到西周时期。

另外，二里头遗址还出土了一些其他类型的玉器，目前，这一时期的玉器发现得还不多。从已知的玉器上我们能看到下列特点。

较好的钻孔技术：玉圭及有孔玉刀上的穿孔都较规整。这类玉器都呈较厚的版状。所钻透孔较深，表现出较好的钻孔技术。尤其是遗址中出土的一件玉箍（《中国玉器全集·二·图16》）直径7.1厘米，壁厚0.7厘米。孔壁光滑，厚度一致，边棱规整，箍的中部呈束腰状，箍的制造运用了管形钻。

较好的开片技术：主要表现是片状器物占有较大的比例。这一遗址出土的片状玉器，一般都具有版片较厚、厚度均匀的特点。

细阴线装饰：主要出现在玉刀上，这类阴线较直，线槽内较光滑。

凸线装饰：在一件玉圭上有较宽的凸线条纹，一件柄形器上饰有凸线与一面坡阴线组成的兽面纹，表明了夏、商之际玉器上凸线纹的使用已非常成熟，而这类凸线纹在商代中晚期的玉器制造中却很少使用。

（二）商代中、晚期玉器

商代中期玉器目前发现的还很少，可能是这一时期的大型墓葬还没有被发现，主要以二里冈文化早晚期玉器为代表。湖北黄陂盘龙城发现的部分商代中期墓葬中也出土了玉器，其中最具特点是一件长94厘米的大玉戈（《中国玉器全集·二·图21》）。戈呈细长状，内与援相接处有栏，自尖端向后有一道凸起的脊线，脊线浅而明确。

商代后期的玉器主要发现于殷墟，殷墟之外的很多区域内也发现了许多非常重要的商代玉器。在殷墟发现的商代玉器，截止到1990年已有两千多件，这些情况表明，商代后期的玉器数量大，品种多，使用广泛。

商代后期玉器的用料是多种多样的。有以新疆和田玉为代表的所谓软玉，有南阳玉，有蛇纹岩玉，还有一批材料光泽、硬度及润泽程度都很差，近似于石。多数材料的判别都属经验性的。1952年，李济先生将殷墟出土的七件玉器标本，请阮维周教授作矿物鉴定，认为都是南阳玉。1976年，殷墟妇好墓发掘后，有关人员曾对发掘到的部分玉器进行了鉴别，鉴定结果认为所用玉料多属软玉，少量作品质地近似蛇纹岩玉，或有南阳玉。对其中五件残玉进行了切片鉴定，鉴定结果，均属透闪岩玉。所用玉料的颜色，以青玉居多，白玉较少，青白色、黄色、粉色玉更少。除了玉料的本色之外，玉器上还出现了同主色相异的色斑或色变，主要原因为受沁所至，主要有几种情况：1.玉料硬度变低，大部或全部呈白色，俗称鸡骨白或曰石灰沁。2.局部呈暗灰色。3.局部呈暗黄色。4.局部呈红褐色。

商代玉器的加工，较新石器时代有了很大的进步。主要表现于金属工具的使用。但是，在上古时期，生产工具的改进是非常缓慢的。由金属工具替代石质工具的过程，较金属兵器替代石质兵器的过程慢得多。从商代大量玉、石兵器的存在中我们能推断出，商代仍存在着数量众多的玉、石工具。

（三）商代的礼器与兵器类玉器

礼器是用于祭祀、礼仪活动中的玉器。商代玉礼器的使用与组合方式目前还不十分明确，可能包括了璧、琮、璋类几何形器物及戈、戚、钺类玉制兵器。

璧、环：商代的璧与环很多，还有很多介于璧与环之间的环形玉器。从样式上看，大致有下列几种：1.圆形器，表面平滑，无装饰。2.孔部向两侧凸起一周环形唇，器整体呈圆形，这类玉器可以套在某种杖柱上，孔部的环凸可能是防止套接时损坏而备。一些古玩家称这类璧、环为"乳环"，意即人身胸部的装饰。3.外周带有齿牙的璧。璧的外周向一方旋出涡状的尖形牙。一般为三个，牙的外侧边缘往往饰有很小的"凹"形齿。4.以小璜连接而成的璧，一般为三个小璜相接，接缝两侧钻孔以备穿绳。商代的璧一般都较薄，玉材以南阳玉为主，青灰色或牙黄色，璧表面并不光滑，有同心圆状的磨痕。有些作品带有与璧孔为同心圆的阴线环。

琮：同新石器时期的一些文化区域相比较，商代使用的玉琮明显地减少，出土玉琮的商代遗址并不很多，已发现的玉琮样式也不统一。另外，还有一些是由琮演变而来的筒形器或镯形器，较典型的器物有几种：1.方柱形，两端贯一通孔。端部四角进行切削，呈近似八方形的圆口，外表光素无纹饰。这类的玉琮在我国西北地区新石器晚期已出现，已发现的这种商、周素琮可能是新石器时代西部文化的遗存。2.筒式琮。琮的主体部位近似圆筒，外周着有装饰。装饰集中于外表的中部，许多作品是器外周四等分。饰四组相同图案，装饰图案一般都很简单，有一些为商高浮雕，典型作品为江西新干大洋州出土的蝉纹琮（《中国玉器全集·二·图131》）。这件玉琮为筒状，外表有四组横向弦纹并四组凸起的双蝉纹。3.镯式琮。器孔较大而高度很小，似镯，外表饰凸起的装饰。

圭：商代玉器中有一类长方形近似条状的器物，定名为圭。这类器物一般都较厚，一端有孔，一端略前凸，似有刃，一些器物上饰有横向或纵向的条纹。

璋：璋是礼器中的一种，商、周金文中有许多用璋的记载。《说文》释璋为半圭。商代玉、石器中已出现了一种在长方形的基础上，一端制成斜角的器物，与后人所定玉璋器型相同。但目前发现的数量非常少。商代玉器中有一定数量的牙璋。同商初的作品相比，后期的多数作品内部要长一些，两侧的栅齿也较复杂。一般来讲，牙璋的内端呈微小的斜状，较窄；另一端略宽，呈向内凹的弧状刃。一些器物的刃端被加以改造，成为其他形状。许多牙璋上带有斜线纹装饰。线条直，线槽圆，成组排列。识别这类玉器时要注意璋的厚度，表面的坡度，阴线的制造及玉材的选用。

璜：商代制造了大量的玉璜。有一些玉璜作为佩玉，作为礼器的大璜数量很少。目前发现的商代玉璜大致有几种情况：1.素璜。无纹饰，多为1/3圆周。2.以璧、环残件改制的动物。3.带有纹饰的玉璜。素璜的两端都带有穿孔，孔径的一端较大，璜表面不甚平。带有纹饰的璜制造得较厚，饰纹较满，璜的边缘依照动物图案进行凹凸变化，以龙纹玉璜最常见。识别这一类玉器要注意玉材的选用，器物表

图 55—1 商 玉戈

面的光亮，图案纹饰及造型结构，加工方式。

戈：戈是商代最典型的玉器，以有锋、有刃，一端有孔可穿绳系柄为特征。 图 55—1 在夏代就已出现，但夏代之前未曾出现这类玉戈。西周时尚有玉戈流行。东周以后，玉戈便不再使用，演化成上端有尖角的玉圭。商代玉戈是多种多样的，最典型的有大戈、短戈、小玉戈。大戈一般较长，形似刀但较直，一端有较长的尖锋。戈中部起脊，脊线自锋端向后直达内。为很浅起的凸起。内部窄而短，有孔。这类戈制造精致，器薄而长。短戈或为嵌于铜内、铜柄之上的嵌件，或为系于柄上的饰件。许多短戈的形状不十分规整，且料厚，个别作品截面近似于菱形。这类戈一般都较直。商代的小玉戈很少见。故宫博物院收藏有一件商代小戈，援与内相接处饰有兽面纹。内的形状似鸟头。整个玉戈呈弧形，器身呈较薄的片状。一些玉戈上带有装饰纹，大致有这样几种：1.用挤压法琢出的凸弦纹，多为横向，在内部或援的近穿孔处。2.内的端部饰有齿牙。与齿牙相接的纵向成组凸弦纹，这类饰纹一般扁而宽，弦纹间为下凹的坡槽。3.兽面纹。甘肃庆阳野林乡出土的一件玉戈援部饰有双阴线兽面纹（《中国玉器全集·二·图166》），图案有明显的商代兽面特征。安阳小屯11号墓出土的两件玉戈，援与内相接处所饰兽面已非常简练，仅有象征性（《中国玉器全集·二·图34》）。一般来说，商代玉戈使用的玉料接近于南阳玉，且玉材透明度低，质地细腻，色泽较浅，以牙黄色、浅褐色为多。

（四）商代佩玉及一般小玉件

　　由于琢玉方法的限制，上古时期玉器的体积一般都较小。大件玉器皿是极少数的，而小型玉佩件、玉挂件却非常多。商代的一些小型玉件已出现较为统一的风格，可能已出现了较为一致的佩戴方式。目前西周墓葬中已出土了多组"杂佩"，这些杂佩中没有完全相同的组合方式，因而商代的佩玉也不可能有完全相同的佩玉组合。另外，商代还有许多立体造型的玉雕动物及玉人，制造得非常精美。常见的玉动物如下。

❶ 玉龙

　　人们把商代玉器中带有角的想象中的动物称为龙。**图 55-2** 目前见到的这类作品大约可以分为下列几种。

　　（1）弧形龙：作品雕琢得一般都很精致。有的为半圆形，有的超过了半圆形，称为龙形玦。作品的表面呈略微凸起的弧状。一端为龙头，龙头很简练，柱状角，角端带有蘑菇状的圆顶，眼部呈"臣"字形，张嘴，嘴与鼻呈斜状排列，嘴部或透空成多角状。龙的背部往往有一道由"凹"形凸齿组成的脊。龙身或饰重环纹，或饰折线纹，或饰菱块纹。纹饰皆为阴线，或挤压法

图 55-2　商　玉龙

凸起的阳线。

（2）**团身龙**：这类作品中的龙头较大，立体性较强，由几个折面对接而成。龙身较长，呈柱状，折成钩形。身上有阴线纹饰，但凸起的装饰较少，整体上较团紧。

（3）**圆雕立体团身龙**：仅见殷墟妇好墓出土一例，多有仿制。这类作品的识别要看整体风格的把握。

（4）**龙形玉片**：种类较多，用薄玉片裁剪成龙形，其上有简练的几道阴线界出肢体。这类作品的体形似团身伏兽，蘑菇状角，眼部呈平行四边形或环形，一般只有一足，足爪由几道细阴线表示。

❷ 玉鸟

鸟是商代玉器中较常见的小型玉件。从鸟的种类上看，它包括了鹰、燕等多种鸟类，其中最重要的是经过夸张变形的鸟。这类玉鸟一般制造得非常华丽。鸟的头上有非常复杂的冠，有的冠部异常高大，几乎同鸟身的高度相同。一些鸟的身上饰有双阴线纹的折线装饰。最为奇异的是殷墟妇好墓出土的一件立体玉鸟。鸟头为兽头，头上有角。商代玉鸟可分为三类：1.鸟形玉片。有的作品上带有复杂的装饰，有的作品上仅有简练的阴线界出翅与尾。2.近似于半圆雕的作品，多为片状，中部较厚，边缘薄。最常见的是展翅的玉燕，整体略呈三角状，翅展开，鸟的背部饰有折线装饰纹。3.立体圆雕作品。作品很少见，一般都琢制较精，鸟身饰有装饰纹。

❸ 玉鱼

商代的玉鱼多属佩戴物，象征的意义尚不明确，主要分为无鳞鱼及有鳞鱼两种。鱼的头部呈三角形，嘴端较平，前唇上下略凸。鱼的背部及腹部有直线鳍线，直线的外侧排列短的阴刻斜线。整个鱼鳍呈很窄的长条形，边沿齐整，背部较长，腹部较短且为前后两组。鱼身的鳞纹是在平行的长直线间琢出等距弧线。带有鳞纹的玉鱼数量很少。商代玉鱼的鱼身或呈弧形，或呈直形。弧形鱼的尾部似两只后跟相对的靴子，其上无阴线，直形鱼的尾部也为类似的做法。有的还带有一个较长刻刀。商代玉鱼的识别主要在于材料的使用、厚度及整体风格的把握，另外还要注意雕琢方法。

❹ 其他类玉雕动物

商代玉器中的玉雕动物非常多，包括了多种猛兽、家畜及昆虫，其中以立体作品为珍贵。立体雕兽一般都较方，身体略呈方柱状，饰阴线折线。头部也近似于几个侧面的拼接。四肢一般较短。虎的背部略下凹。玉雕家畜则身上不加纹饰，头部雕琢精致，并有单独的兽头类作品出现。商代还制造了许多玉雕昆虫，常见的有蝉、螳螂、蚕、蛹等。商代玉蝉的数量很多，大致为片状及大小等几种，大蝉较真实的蝉要小，小蝉的长度仅两厘米。作品的头部较大，嘴部有向前凸出的尖喙，眼部夸张，小翅垂于身侧。这类作品的用玉往往不大好，一些作品呈鸡骨白色。片状玉蝉的头部也非常夸张，前部呈前凸的圆弧形。嘴部前凸一个尖喙。头的两侧各有一足。玉蚕和蛹也是常见的商代玉器。蚕的身体呈柱状，两端略细，蚕身以较粗的阴线分节，无头。玉蛹呈螺丝状，一端为头，较粗大，身及尾层变细。有研究者称，这种螺丝状的玉蛹前部有孔以穿绳，古人将其系于脑门前做吉祥物。作品的使用年代有可能早于商代。

（五）商代玉器的纹饰与加工特征

商代玉器上已带有较多的装饰，作品制造中的价值追求表现在玉质的追求、造型的追求、装饰效果的追求及器物象征的灵性方面的追求等方面。因而装饰纹饰的追求是玉器制造的重要方面。但商代玉器上极少见有把某一动物图案作为装饰的。在动物题材的表现上，一般都是把玉材雕出动物的外形，然后再进行局部的装饰。单独作为装饰图案的以兽面纹最常见，例如兽面纹玉镤、玉斧等，还常见一些兽面纹玉片。商代器物上的兽面纹一般都采用左右对称的形式。而半面的兽面纹又往往似一个侧面的张口伏兽，有明显的上下唇。兽面的头顶往往有角或上竖，或水平，又分别呈牛角形、羊角形或蘑菇形角。兽面的眼部以"臣"字形最为常见，还有平行四边形等。另外，个别商代兽面纹是以两个相对的侧面鸟纹对接而成。

商代玉器上有一批较常见的装饰图案，一般都作二方连续排列，图案以双阴线为多，主要有：1.方格纹，呈斜方格形，排列时往往以角部相接。2.重环纹。呈"Ｄ"形。3.方折"Ｓ"形纹。4.双线折线纹，有些较简单，有些较复杂，一般都是在一枝主干上向一侧侧出方形折钩。玉器上的双阴线纹，往往都是一面坡阴线，也就是说将双阴线纹中每一条阴线线槽的外侧线墙琢成坡状，如果坡面琢得较大，阴线较深，两阴线间的中间部分便会呈凸起的状态，似一条阳线。

商代玉器上也常出现单阴线饰纹。主要有：1.联弧纹，似两个弯弧相连。2.人字形纹，以多个"人"字重叠排列。3.鱼鳞形纹，在几条平行线间排列等距弧线，表示鱼鳞。4.折线纹。商代玉器上的单线折线纹、双线折线纹的转折处都比较方硬，似折直角，俗称"折铁线"。

商代玉器有独特的加工特点，这些特点在西周时期某些玉器上尚有保留。在加工上，表现了新石器时代石质砣具向两周金属砣具间的过渡风格。

（六）仿商代玉器

在宋代文献中出现过"碾玉商尊"等名目，但在已知的宋代玉器中尚未发现仿商代玉器。目前发现的早期仿商代玉器是清代宫廷制造的一批仿古玉斧，玉斧上分别饰有属龙山文化玉器或商代玉器所饰的纹样。仿商代玉器纹样以鸟兽纹为主，同真正的商代玉器纹饰有很大区别。另外，带有鸟、兽纹的玉斧，在已知的商代或其前代的玉器中尚未发现。仿商代玉器的高潮出现在本世纪的中晚期。目前见到的仿商代玉器多为民国及其后的作品。这类作品又分为两种，一种为本世纪上半叶所制，一种为本世纪后期所制。

民国初年的仿商代玉器，目前能见到的已经不多了。一些作品为博物馆或私人所收藏，并视为真正的古玉。大致有如下情况。

（1）仿商代礼器。璧、琮很少见，多见于玉戈。作品用料往往同真正的商代玉戈有区别。所用之料有几种。其一为近似于浅色的岫岩玉料，不如岫岩玉透光亮强，表面染白色水沁。其二为青绿色玉料。其上烧烤作旧，近似于黄褐色沁色。其三为近似于大理石的石料，但纹理不若大理石明显。这些仿古玉戈似比照真正玉戈而制，与商代的玉戈也有区别。

（2）**仿商代玉兽、鸟**。所制作品皆为片形玉器。有正面玉兽面、侧面玉兽、侧身玉鸟。所用为青色或灰色矿物质原料。又加烧烤拟古，作品上饰有纹饰，比照商代纹饰特征，如折铁线，但线条的琢磨功夫不够，流于滑软。

近十年，市场上出现了一大批仿商代玉器。由于文物鉴别术的暴露，作伪者依鉴定家之言而行，因而作品更不易识别。目前见到的作品主要有几种：

（1）**玉人**：有圆雕立体人和片形人两种。商代立体玉人过去从未发现。近十几年间，考古工作者发掘了一些大型的商代墓葬，发现了一些立体玉人，其中最著名的是河南殷墟妇好墓出土的跪式立人。这件玉人被发现后，出现了许多仿制品，有些刻有相同的双阴线饰纹，饰纹同殷墟出土的作品一样，但尺寸、雕工相差甚远。有些只有其形，细部有很大变化。在一些书籍中被当做汉代作品。前几年，江西新干大洋州发现了商代大墓。所出土的玉器中有一件圆雕蹲式玉羽人。其人有四肢，腰两侧有小翅，嘴前凸，钩形。这件作品被宣传后，市面上又出现了玉羽人的仿制品。仿制品同真正的作品略有区别，在眼形、头形上不同于真实的作品。一般来看，商代制造的立体玉人非常少，因而样式也不统一。市场上类似的商代片状玉人也很多，一般是按照图录仿制，样式同已知商代玉人大体相似，但风格、韵味不同。所饰双阴线纹的结构与商代玉器纹饰有别，眼、嘴、鼻的样式也同真实作品有别，商代玉人的嘴宽而大，微凸，宽鼻，眼部雕法很多，或于四边形凸起上刻一阴线，呈"一"字形，或为双阴线"臣"字形。仿制的玉人，五官雕法往往很随意。

（2）**立体玉兽**：商代的立体玉兽在近十几年发现的较多。影响最大的是殷墟妇好墓出土的玉虎和玉熊。最常见的仿商代立体玉兽就是玉虎和玉熊。妇好墓出土的玉虎和玉熊较方，似方柱，身上有精致的纹饰，以双阴线方折纹为主。仿制的作品在身体弧线、饰纹等方面同真实的作品相差很远。

（3）**玉兽面、玉鸟、玉兽**：样式很多，以片形为主。有一些是仿照图片制造的，但器物的大小、厚薄、纹饰往往同商代的作品有别。

（4）**玉戈**：数量较多。仿品一般较厚，用材往往与商代作品用材不同。

仿夏、商玉器举例

1. 仿古玉牙璋 图 56

牙璋为片状玉器，长条形，一端有内凹的刃。《周礼》有"牙璋以起军旅"句，但所指为何物并不明确。吴大澂《古玉图考》将这件玉器定为"牙璋"，一些研究者多用此称谓。早期牙璋见于山东大汶口文化遗址，晚期见于西周玉器。作品一般较薄，大者略厚，刃口呈很小角度的坡状。这件作品玉无旧色，厚度超应有的比例，刃口角度大，呈陡刃状，是明显的仿制品。

2. 仿古兽形玦 图 57

兽形玦自红山文化到商代玉器中有较多作品。主体为大头、细身。此作品细头粗身，已失古器之意。兽身装饰有脊齿及细阴线鸟纹。但与商代作品比较，脊齿松散而不太紧凑。细阴线花纹在商、周玉器装饰中很难见到。此作品图案又非常特别，非商、周玉器装饰风格。

3. 仿商代玉刀 图58

商代墓葬中出土有铜刀多式，其中有的作品的刀背带齿纹。此作品于铜刀演化而来，其形制在商代玉器中未见，装饰花纹亦非商代器物所用花纹，刀背脊齿小而疏，作品为仿制。

4. 仿商、周玉龙、玉鸟 图59

照片中两件作品，一单龙、一双鸟。龙形似虫，大头、屈身，身饰阴线纹。"C"形身的兽头形玉器主要流行于商代之前，或素身，或饰有花纹。此作品外形已失古意，饰纹又非商代玉器纹饰风格，应是仿制品。玉鸟两者相背，兽形头，有古玉器造型之意，但鸟翅用鳞瓣纹装饰，多见于唐代以后，非古玉器所饰，作品应是后仿。

5. 仿商代玉鸟　图60

商代玉鸟中立体造型者少，常见作品多为片状，玉鸟身上所饰花纹为单阴线折线纹或双阴线纹，纹饰结构为较固定的模式。这件作品外形为商代玉鸟风格，但装饰花纹不同于商代同类作品，因而判定为仿制。

6. 仿商代玉人　图61

江西新干大洋州遗址曾出土此种玛瑙人。此件造型与其同，此作品表面白而无光，为染色。

八、西周玉器及其仿制品

西周时期始于公元前11世纪至公元前771年，历时三百多年。目前西周文化遗址大量发现，许多遗址中都发现了玉器。重要遗址有北京琉璃河、山东济阳刘台子、陕西长安张家坡、甘肃灵台百草坡等、河南三门峡虢国墓地、陕西宝鸡茹家庄渔国墓地、山西曲沃天马曲村北赵晋侯墓地等遗址，出土玉器都超过了千件。西周玉器的出土，主要在黄河中上游地区，以陕西、山西、河南等地出土的玉器最为重要，数量巨大，玉质优良，品种齐备。

（一）西周玉器的品种

人们一般把琮、 图 62 璧、圭、璋类玉器称之为礼器，这几种玉器在西周玉器中都有出现，但数量并不太多。陕西长安县张家坡村170号墓出土了一件琮形器，孔较大，外表不分节，四面饰阴线刻出的鸟纹。这件玉器高度仅5.5厘米。器型很小，作为礼器使用的可能性不大（见《中国玉器全集·二·图206》）。西安市山门口出土的一件素面琮，高7.6厘米，边棱直挺而锋硬，不似新石器时代遗存，应是西周时期的礼器（见《中国玉器全集·二·图207》）。西周时期使用的玉璧，考古发掘得非常少，且直径很小，不似用作礼器使用。传世玉器中有一批小型的璧类西周玉器，或为方形，或为圆形，中心有孔，缘孔琢有半身的阴线鸟纹。这类器物一般用玉较好，多为青白色的新疆和田玉。鸟纹有明显的西周纹饰特征。它们的真实用法还有待进一步研究。个别作品可能是青铜器上的嵌玉。关于西周时期使用的圭，大致可以分两种。一种源于商代玉器。商代的长方形、一端似有刃的片状玉圭，对西周玉器产生了影响。笔者曾看到过一种玉圭，被介绍为西周墓葬所出，呈窄而长的长方状。另一种圭则近似于戈。西周玉器中的一些玉戈，两侧的对称性更强，逐渐演化为东周时的带有尖状圭角的圭（见《中国玉器全集·二·图215、图216》）。商代玉石器中曾出现过一端带有斜角的长方形器物，西周玉器中也曾出现。一些学者

图62 西周 玉琮

称这类器物为璋。但这类器物发现得非常少，与青铜器铭文中所记西周用璋情况不相均衡。

西周玉器中有一类自兵器演化而来的玉器。这类玉器在当时也可能是作为礼器使用的，有牙璋、戚及戈。牙璋见于四川广汉中心乡出土（见《中国玉器全集·二·图209》），长56.1厘米。内两侧有栅，一端有分权式两个尖角。这件牙璋可能是先朝的遗存。西周时这类牙璋可能也不是典型类礼器。西周时的玉戚，表面多无饰纹，两侧有装饰齿。陕西长安县张家坡出土的一件玉戈，型制非常特别，援的前端无尖，呈前凸的圆弧刃，内部刻有阴线的兽面纹（见《中国玉器全集·二·图214》）。总体上看，这类由兵器演化来的西周玉器数量非常少，见到类似

图63 西周 成组玉挂佩

的器物时应特别注意其真伪。

西周时期出现了非常多杂而且庞大的人身佩玉体系。**图 63** 目前属西周时期的成组佩玉已在多处西周墓葬遗址中发掘到。尤其是在西周晚期到春秋早期的墓葬中，已有较多的使用。河南三门峡上村岭虢国墓地（见《上村岭虢国墓地》，科学出版社，1959年）、曲沃北赵晋侯墓地（见《文物》1994年1期、8期，1995年7期）出土的玉佩最为典型。有学者认为这类成组玉佩便是古文献中所谓的"杂佩"（见贾峨《西周"杂佩"的初步研究》）。这类组佩中的主要玉件有下列几种。

环：为环形玉器，有两种。一种素环，表面较平，无纹饰，边部较窄，大孔，直径较小。这类素环的特点主要表现在玉材的选用、加工方式、颜色变化及厚度、直径的比例。另一种为带有纹饰的小环。曲沃晋侯墓地M92出土的132、131两件小环应为代表作品。131号饰有双阴线的鸟纹，鸟颈小而简练，颈长而环孔盘转，由简练的长弧线纹组成，无鸟身。132号环于孔的两侧饰相对应的侧面兽面，非常简练，两兽头间以长弧线组成的翅状纹填充。这类玉环除了上述素环的特点外，还有纹饰结构及加工方式上的特点。

璜：是新石器时期到汉代玉佩中的主要构件。西周时期的璜使用量很大，曲沃晋侯墓地出土了多组以璜为主体的玉佩。出土的玉璜有的为1/2圆周，有的为1/3圆周，又有素璜及带有纹饰璜等多种。素璜的识别，主要在于玉料、颜色变化、加工方式、厚薄及宽度的比例。这就需要有一定的经验及对考古发掘材料的观察与把握。带有纹饰的玉璜又可分为两种。一种是在璜的两端出现凸凹变化，使端部略呈兽头或鸟头的侧面形，另一种是在璜的表面饰有阴线纹饰，纹饰一般呈弧线状。

　　梯形玉牌：一般都较厚，近似于方形，上端较窄，呈等腰梯形形状。牌的两侧或有齿状装饰，下部有一排钻孔，有的作品上部也有系孔。牌表面以中部为界。两侧饰相对称的纹饰，纹饰多为鸟纹。曲沃晋侯墓地出土的玉牌（M102:29-1）为对称的龙纹。这类玉牌仅见于西周玉器，多为组佩的珩件部位，下边垂挂其他玉件。春秋以后被环、璜所替代。玉牌多用白玉，有的选用石英岩类玉料，表面纹样或为阴线纹，或为阴线与镂雕相结合。

　　玉人：目前发现的西周时期的玉人数量已经很多，多数都是佩坠类。可分为写实风格的玉人、着有华丽服饰的玉人、人兽组合型玉人。写实风格的玉人以甘肃白草坡一号、二号墓出土的两件玉人为代表（《中国玉器全集·二·图218》）。两件玉人都是在长条形柄状玉上加工而成。其中一件脚的下端有外凸的榫，与柄形器同。两件玉人一为高螺髻，一为高冠。螺髻与冠的外形呈下宽上窄的高桶形。从人脸的表现来看，脸较平，似为瓦面脸，宽鼻。这一特征在其他类玉人上也有表现。人的五指相并，指端平齐，以几条阴线表示指间的分界。对于这一类玉人，目前发现得还不多，我们还不能很准确地把握其特点，但是我们知道，柄形器类玉件在西周之后便不再使用。类似柄形器的玉人，在西周之后也不会再出现。着有华丽衣着的玉人以曲沃晋侯墓地出土的站立玉人为代表。这件玉人的头上有上蠹且上部后折的发髻，发髻似鸟，边缘呈弧线状，两臂似变形的兽头，下裳似裙，裙边为直线状。另外在传世玉器中出现了许多侧面人形作品。这些作品的面部多呈向内凹的瓦面形，胸部饰有下垂的兽头，近似于人、兽的复合体。但依曲沃晋侯墓出土的直立玉人看，胸部的兽头的准确部位应在臂部。这类带有华丽衣着或人兽复合图案的玉件，一般都可佩戴于身，表示一种神灵的崇拜，特点较明显。以人的头型、兽的头型及人身的长弧线双线（局部或有单线）饰纹为特征。

　　柄形器：西周时期使用的柄形器样式也很多。这类玉器在东周时几乎绝迹。西周时的柄形器有片状光素无纹、柱状光素无纹、柱状外饰鳞瓣纹等多种（《中国玉器全集·二·图284、图283、图285》）。这类柄形器同商代作品相比，变化非常小，仅顶端略呈梯形，而商代作品顶部略平。带有花纹的作品，花纹线条也略有不同。

　　饰纹玉片：西周玉器中出现了较多的饰纹玉片，它们的装饰情况同商代玉片略有不同。商代的饰纹玉片多饰动物纹,玉片的边部也随着所饰图案进行裁剪,使玉片的外形同所饰动物一致。这类玉片在西周时期已很少,且多见于片状的玉兽面。西周玉器上的饰纹也以动物纹样为多,但图案往往饰于长方形、条形、弧形等玉片上。玉片的边缘有随图案变化的,如玉人、玉鸟,也有不随图案变化的。

动物形玉片:动物形玉片在商代已经很多。西周时期的作品似乎比商代要少,它已不是用残破的玉环来改制,而是专门用玉开片制成的。相比较而言,玉器开片要较商代作品薄,玉鸟头部较鸟身往往有细长的弧线表示羽翅或尾。鱼类作品整体形状同商代近似,鱼身的短阴刻排列鳍线较商代作品要细。

(二)西周玉器的主要饰纹

常见的西周玉器饰纹为鸟纹、兽纹,主要为阴刻线琢出,或为单阴线纹,或为双阴线纹。双阴线纹中的一条阴线(外侧线)又琢成一面坡线,即把阴线线槽的一侧琢成坡状。阴线又常表现为较长的弧线,线条的转弯处也呈弧形。作为装饰图案的鸟纹,在西周玉器上较为固定,一般都为固定的侧面图案,小头,头顶有一个棒槌式的鸟冠,以颈部较长宽度适中,有些图案仅有鸟头,有些带有鸟身。带鸟身的图案中,鸟尾自身后上冲,至头顶而前折,鸟只一足,爪小,脚部较粗。鸟翅以弧线或长弧线表示。玉器上的兽纹也有几种典型样式。一种是饰于玉璜或条状玉上的侧面图案,图案中的兽头顶有长鬣,上冲而后折。兽的唇宽大肥厚,兽身以弧线或长环形线表示。有学者认为,这类图案所绘的动物为熊。一种是饰于小玉件上的双兽首图案。这种图案在曲沃晋侯墓地出土的玉器上表现得最明显。或为双兽首间以"S"形龙身相连,饰于梯形玉佩及成组小玉片上,或以双兽首相对应饰于环形玉件的圆孔两侧。西周玉器中也有许多兽面纹玉片。茹家庄一号墓乙室棺内279兽面玉饰(《宝鸡渔国墓地》上册,278页),兽面的眼部为"臣"字形。传世的几件西周玉兽面(《中国玉器全集·二·图247、图246》)眼部为方环形。同商代及春秋时期玉兽面相比,西周时的兽面纹显得简练,且表面的弧线较多,方折线很少。另外,西周玉器上还较多地使用了钩连线条进行装饰,线条主要为阴线,有单线、双线及一面坡阴线,表现为弧线钩连、环线钩连等多种样式。

（三）西周玉器的仿制

西周时期的玉器同商代比较有了很大变化。目前发现的西周时期的玉器，品种不如商代多。尤其是璧、琮、刀、戈等礼仪用玉，数量很少。西周玉器中有一些商代未有的新品种。如三门峡虢国墓地发现的丧葬用玉中的头部五官用玉、梯形玉板等。西周玉器的纹饰，以鸟纹、龙纹、人形纹最为常见。玉器上所饰的鸟纹，大多数为一种长颈、小头、棒槌式冠的凤鸟。龙纹多为侧身、长发、短身的侧身龙。纹饰以阴刻弧线组成。较商代玉器上的龙、鸟纹，结构更加繁密。

仿西周玉器最早出现于何时，目前尚难肯定。属宋—明体系的仿古玉器中尚未发现仿西周纹饰的玉器。清代仿古玉器异常发达，目前已发现有仿新石器时代、商代、战国、汉代以至唐代风格的玉器。材料表明，在清代，人们对西周玉器的认识尚不明确，但收藏已成系统。清代仿古玉有见古即仿的特点，对当时人们收藏的主要玉器社会上都有仿制，仿西周玉器的存在也是必然的，但清代制造的仿真正周代风格的玉器尚难确定。

故宫博物院藏有两件圆形玉片，它们是在上世纪上半叶入藏故宫的。两件玉片相同，皆玉色青绿，有白色沁斑。玉片饰有弧线鸟纹。鸟纹仅为上半身，玉片表面平而光亮。非中心部位有一个小的穿孔。穿孔的形状与寻常所见西周玉器有别。在玉片入藏后，其中一件被定为西周时作品，另一件被定为仿制品。20世纪80年代初期，古玩鉴定家顾德威先生、付大卣先生来故宫研究玉器，认为所看玉片为仿制品。这是我们见到的制造时代较早的仿西周玉器实物。另外，活动于清代后期的金石学者吴大澂先生在《古玉图考》中收录带有纹饰的西周玉器，说明当时西周玉器已被人们重视，仿制西周玉器的条件也趋于成熟。目前社会上流传的仿西周风格玉器主要是当代作品，其中一些是在旧玉上加琢花纹。由于西周玉器花纹结构较一致，因而判定作品时除了研究图案外，还需研究加工方式。较多的仿西周玉器是先仿再做旧，常见玉作品有玉鹿、玉璜、柄形器、玉鸟等，作品所用原料与西周作品不同，非新疆透闪石玉，表面旧色与西周作品也不同。

仿西周玉器举例

1. 仿西周风格玉人　图 64

　　作品为片状，透雕，阴线勾勒人的五官及衣纹。人的两袖及头两侧饰龙首，龙首的形状有西周图案风格。作品中的龙首与西周玉器图案有别，多龙首组合也超出西周玉器图案组合方式，阴线单细无力，判定为后仿。

2. 仿古玉戈　图 65

　　玉戈流行于商、周、战国，汉代玉器中少量出现。此戈之形近于东周作品，内端透空多变，应为仿古制品。

3．仿古兽面纹饰件　图 66

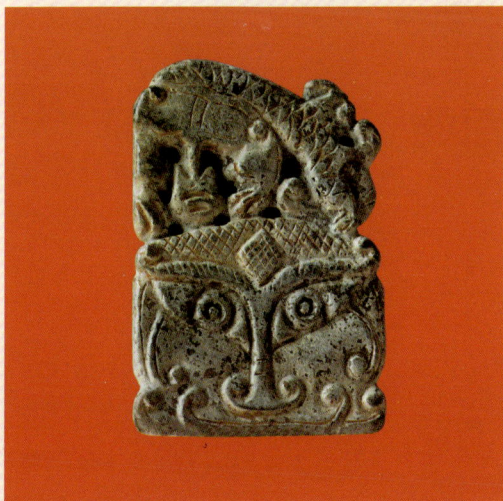

　　此器用材似玉而石，作品厚笨，非春秋以后作品风格，图案花纹又较商、周作品有别。局部的鳞纹、粗格纹主要见于宋以后作品，因而作品为仿制品。

4．仿商、周玉鸟　图 67

　　作品为两件玉鸟，商、周玉器风格，但边缘圆润，与商、周玉器风格不同，表面白斑也不同于商、周玉器的颜色，判定为仿制品。

九、春秋战国时期的玉器及其仿制

东周时期，经济发展出现加快的趋势，主要得力于社会组织的松散和手工业技术的快速传播。列国的琢玉业便是在这种条件下发展的，同时又受到了社会环境的较大影响。在这种条件下，礼仪用玉及神祇用玉的使用很少依仗制度、礼法，而融进了人们的习惯及地方色彩，出现了玉器多而玉礼器少的局面。手工业技术的传播促使玉器的纹样、品种及加工出现了较为统一的形式，使某一类型的玉器可以在较大的范围内流行、使用。

（一）春秋战国时期玉器的种类

古玉研究者将春秋战国时期的玉器依照列国割据的范围进行了单元划分，分别研究它们在制造、使用及组合特点。有些研究已很深入，这就为识别春秋战国时期的玉器 **图 68、69** 提供了条件。

目前考古发掘到的春秋时期的玉器，有下列几批典型作品。

❶ 吴县严山发现的吴国玉器

1988年，江苏吴县通安乡严山发现了一批春秋吴国窖藏玉器，计有204件。同

图 68　战国　玉璺

图 69　战国　玉扁璺

时出土的还有四百余件石器。玉器用料多属软玉类。其中璧类玉器29件、琮1件，可以列为礼器，其余器物主要有环、瑗、璜、鸟形佩、虎形佩、瓦形佩、筒形器、镯、长方形玉片、珌、觿等。这批玉器用料以青绿色玉为多，应属透闪岩类软玉。目前在其他地区发现的玉器中，尚不见使用此色玉料。另外还有一些用青白色玉料制成的器物。玉器上一般都带有较重的沁色，以白色沁为多，很厚重。有些器物的玉质大面积呈现灰白色，且硬度变软，一些器物上带黄褐色或更深颜色的沁色。玉器中出现了较多的片状器。器物的开片较薄，器物上布满细小的装饰纹。这些装饰花纹分别由细阴线纹、凸起而圆滑的蟠虺纹、极小的侧面兽面纹组成（参考《江苏吴县严山窖藏玉器》，《文物》1981年1期）。

❷ 河南淅川下寺发现的春秋楚国玉器

　　河南淅川位于河南南部，接近湖北，春秋时属楚国地域。在考古发掘中，发现了许多春秋时期的墓葬，出土了较多的玉器，是春秋时期楚国玉器的代表性作品。下寺春秋中期墓八出土玉环14，玉人1，玉牌40，玉觿82，玉蚕5，玉鱼2。春秋晚期的墓一出土玉璧4，玉环5，玉璜8，玉虎11，小玉片11，大玉牌1，玉簪2，玉梳1，玉柄形饰1，玉觿13，珠5，玛瑙珠85，料珠65，玉髓管4，玉弧形管1，玉方柱形器2，玉方形穿孔器1。其他春秋中晚期墓葬也出土了大量玉器。从出土玉器的情况看，一些器物用玉属新疆和田玉料，呈青白色。一些器物玉料已极度受沁，质地酥软，全部呈牙黄色，且表面呈灰质。一些器物表面呈雾状白色沁，许多玉器有赭色沁色。出土玉器中的片状玉占有很大的比重，包括方形饰片、觿、璜、璧等。体积都不大，其上多以阴线纹为主，个别器物上饰有凸起的细小蟠虺纹。片状玉的厚度一般都很薄，0.1～0.2厘米厚度的玉器占有一定的数量。出土的第二类为柱状器，包括柱式玦、扁錾、玉簪等器物。还带有纹饰的圆柱形玉管。第三类玉器为用具，有玉梳、剑柄等。装饰纹样上看，一般器物上多饰有较满的装饰，有较浅的双阴线纹、单阴线纹，纹饰短小且迂折，组成类似侧面兽面的结构。有隐起的小蟠虺纹、凹面的方折"S"形纹、短斜线纹及绳纹（《淅川下寺楚墓》，文物出版社，1991年）。

❸ 山东地区出土的春秋玉器

20世纪70年代以来，山东地区发现了一些春秋时期的墓葬，出土了一些玉器。这些玉器代表着北方地区春秋玉器的使用与制造水平。1978年，山东沂水刘家店子发掘的春秋墓中，出土玉器三百多件，有琮、璧、璜圭、牙璧、戈、玉佩等（见《山东沂水刘家店子春秋墓发掘简报》，《文物》1984年9期）。

春秋时期的玉器在山西、河南等地还有较多的出土地，说明春秋时期玉器的使用量已很大。器物以片形为多，以小件的装饰玉为主，其中环、璜、玦、觿占有较大的比重，且有部分动物形玉片，在春秋晚出现了龙形玉佩。一般地说，春秋时的片状玉件较战国时的作品厚度略小，纹饰起凸少而浅。从用玉材料上看，有透闪岩类玉及一些透明度及硬度较差的玉，玉器受沁产生的色变较重。

战国玉器是自春秋玉器演进而来，因而早期战国玉器在纹样及装饰上往往带有春秋时期玉器的特点。例如湖北随县擂鼓墩发现的战国早期曾侯乙墓出土的玉器，璜的表面饰有类似春秋玉璜上的分区纹样，琮的表面饰有类似春秋玉器纹样的凹面纹。同时春秋玉器上已经出现的细小的钩状云纹，在战国早期玉器上也发生了变化。同春秋时的玉器相比较，战国时期，方形玉片或玉饰的使用已非常少，圆弧形玉饰似有增加，各种不规则的龙形玉数量也很大。在战国玉器中较多地出现了谷纹、蒲纹、细钩纹作品。这类纹饰在春秋时的玉器上是见不到的。

战国时期的墓葬在全国已发现多处，许多墓葬出土了玉器，已发现的战国玉器呈有较为统一的纹饰与制造风格。各地区、各墓葬的玉器又有较为独特的作品，这类作品或造型有异或纹饰有异，但在总体上仍与战国玉器风格保持一致。

山西长治分水岭出土的玉器中，较多地保留了春秋时期玉器的纹饰特点。一些玉器上带有凸起的钩云纹或侧面小兽面纹。其中两件小兽，一件长2.7厘米，黄玉，昂首，螺形尾；一件青玉回首，方锥尾。两件兽皆卧姿，头、足、身皆为凸起的钩连纹。两件玉龙，身呈"S"形，边缘处饰凸起的边线，边线内布满凸起的钩云纹。同春秋玉器相比，玉器上的钩连纹凸起更生硬一些，高一些，器物的边缘更方正，表面更平整（《中国玉器全集·三》）。

山东曲阜鲁国故城出土的战国玉器，带有战国玉器的典型特色：玉器中带有典型的战国兽面，龙、凤造型，许多玉器上装饰着凸起的谷纹，多数器物带有黑褐色沁斑，表现出山东地区古玉沁色的特点（《曲阜鲁国故城》，齐鲁书社，1982年）。

1974—1978年，河北平山县发现古中山国墓葬群，出土文物一万九千余件，有大量玉器，约三千件。墓一出土的几十件玉器上带有墨书文字，如"它玉琥"、"它玉珩"、"桓子"、"集子"等。玉器的材质及雕琢风格也多种多样，且有六座陪葬墓。三四五六号大墓中除墓五外都有陪葬墓。这些陪葬墓中也出土了大量玉器。墓六为中山王墓，出土的一些玉、石方板上，有隐起方法雕琢的龙、凤、蟠虺、动物纹饰。中山国出土的大量玉器包含了多种多样的制造风格。其中有几种玉器纹饰应引起注意：其一为隐起的蟠虺纹，较春秋时的纹样略为松散，类似春秋玉器纹样特点。其二带有谷纹的玉器，谷纹不甚规整，器物的边缘不凸起，呈较平的宽线。其三许多玉器上饰有阴线团线纹或阴线钩连纹，线条宽而浅，边缘不甚整齐，工艺较粗糙。其四，网格纹的运用也较有特点（《河北平山县战国中山王墓葬发掘简报》，《文物》1978年1期）。

目前见到的战国玉器多为佩玉，可以佩戴于人身，但所具有的含义及使用场合不尽相同。 图 70、71、72 另外，也有少量的礼器用玉，主要种类如下。

璧：（1）谷纹璧。 图 73、74、75 璧表面排列谷纹有几种。较高的旋形谷纹，清代人称之为卧蚕纹。一般来看，凸起的谷粒较坚硬，璧的内外缘有一周凸起的边棱。谷粒为较低的隐起，其上或有一周阴线旋形纹，璧的内外边缘较平。谷粒为凸起的小乳丁，一般凸起较高，乳丁上部较圆。（2）蒲纹璧。由三种方向的等距平行线，按60°角交叉组成网格纹，平行线为较粗的阴线。呈槽状，交错似织蒲，网格空白处很小，呈六方形，表面平整。这类蒲璧尺寸一般都较小。还有一类作品，表

图70 战国 虎形玉饰

图71 战国 龙纹玉饰

图72 战国 椭圆环形佩

图73 战国 兽面谷纹璧

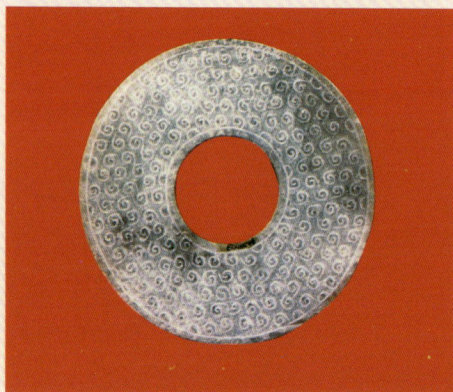

图74 战国 折线谷纹璧

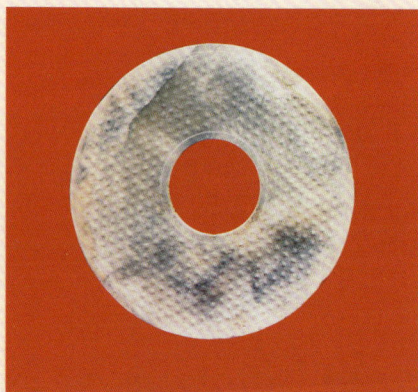

图75 战国 乳丁谷纹璧

面线槽宽而浅，网格空白处似谷粒，但凸起得非常小，应是蒲纹的变异。前一种璧一般用白玉或青白玉，后一种璧则多见苍玉。（3）小钩云纹璧。璧表面布满隐起的凸丘。其上用阴线琢出小钩云，阴线的主体呈折角形或弧形。陕西地区出土的一些玉璧，表面很平，其上琢有阴线折线云纹。云纹的主干为直线。折角呈90°，每一个云纹都是由直线多次折转而成。（4）孔内带有异兽的璧。一些璧的孔内带有装饰，这就增加了作品的美感。常见的是一只兽身龙，嘴大，头上有角，长尾，身体丰满。尤其是臀部更为丰满。为了更充分地利用圆孔内的空间，异兽呈后仰的团身状，臀上翘，头后仰。这类玉璧在汉代初期的墓葬中尚有出土。（5）轮廓之外饰有鸟纹的璧。多见于璧的两侧。带有镂雕的鸟纹，鸟身朝外，头小尾第，颈及背部与璧相接。
（6）双身龙纹与谷纹相结合的璧。璧的表面化绳纹分成内外二区或三区。分别饰以谷纹及双身龙纹。这类璧所用玉料一般以水苍玉为多，玉色呈青暗色，谷纹的谷粒较大而凸起较浅。双身龙纹一般为四组，每组的中部为阴线兽面。兽面没有外廓。以双眼、鼻、额、角为主，自额顶向身两侧延伸出龙身，龙身似蛇，细而曲折。曲阜鲁国故城遗址出土的一件战国早期玉璧，表面分成外中内三区，外内二区饰双身龙纹，龙身的尾端为鸟头。一般来说这种双身龙图案是用粗线两种阴线构成的。细阴线较均匀，粗阴线则端部较浅，呈尖状。

　　琮：偶见于战国时期的墓葬中，多数为素琮。可能属新石器时代遗玉。湖北随县擂鼓墩曾侯乙墓出土了一件玉半琮，很矮，呈三角状，边缘进行了镂雕装饰，应是用旧琮残体加工成的玉饰件。曾侯乙墓还出土了一件刻纹玉琮，宽6厘米，高5.4厘米，四面琢有阴线的兽面纹。它的用途可能已不再是礼器，而只是一般的饰件。传世玉器中偶见有饰有蒲纹的小琮，就其纹饰及加工方式看亦为战国风格，但数量相当少。

　　圭、璋：目前发现的战国圭、璋类玉器数量还不太多。其中有一些为细石质地，作品多为素面，不加琢纹饰，顶部有凸起的尖角。

　　璜：璜是战国时期最常使用的玉器。主要用作佩饰，多为成组佩玉中的中间部分，璜下另垂挂其他玉件。常见的战国璜有下列几种：（1）谷纹璜。作品很多，一般都是在表面饰凸起的边框，璜的弧度在1/3圆周，有的璜略大且两端的宽度大于中部的宽度，有些璜的边棱呈凸凹的折线型。（2）双龙首璜。即在璜的两端琢出动物的眼、耳、鼻、嘴，使其为侧面的龙首形。龙首与璜身往往以绳纹为界，璜身或光素，或饰谷纹，或饰钩云纹。对于这一类璜要注意龙首的比例，眼、唇、额、耳的形状。（3）素璜。素璜在新石器时期已出现，商、周时期数量颇多，且多为三个璜组成的环，这类作品到了战国时期仍然存在。战国初期的曾侯乙墓中就出土有这类玉璜组合。对这类玉璜要注意玉材的选用，表面光泽的处理，沁色的情况。（4）镂雕璜。战国早期曾侯乙墓出土有镂雕龙凤纹璜。璜的镂雕面积较大，龙身似兽。安徽长丰战国墓出土的龙纹璜器物表面镂雕部分较少，两端亦不对称。

龙形佩：战国时期的龙形玉佩是多种多样的，一般都非常注重头部的表现，龙身无鳞，呈几何形体，大致以下列几种最为常见：1.龙首条形佩。作品一端为片状龙首，龙首呈片状，不出鳍，略呈"S"形，饰有绳纹，钩云纹或其他纹饰，有的呈素身状。2."S"形龙。龙身折呈"弓"字形，片状，龙身转折处歧出小鳍，多饰谷纹，有些谷纹较高，有些略平，还有些为阴线的涡状纹。一些作品的尾部带有鸟首，呈龙鸟共身之势。3.双龙佩。一般都为镂雕，中部似璜而更显紧凑。两侧为龙首，有些带有龙的前身，个别作品为两只整身龙相背而连或龙身相互交叉。 **图 76**

图76　战国　龙形玉佩

冲牙：目前已发现了较多的战国冲牙，是用于成组玉佩下端的玉件，下部多呈尖状，像野猪獠牙的形状。作品大致有两种。一种为片状，上部是鸟首或兽首图案，其下有阴线鸟身纹、兽身纹，身侧往往带有侧出的钩形鸟物或兽足。另一种的断面近似于圆形，器身呈"S"形，较细，下端有较长的尖芒。这类器物多为玛瑙器。 图 77

玉璧：所谓玉璧，多为柱状，可穿绳悬挂，常见的有扁璧、柱状璧、枣核状璧，两侧带有镂雕装饰的璧等多种样式，器表面饰谷纹或阴线钩连纹。中部有一个通孔贯于两端，通孔细而长。

带钩：带钩是用腰间的用品，用以钩系腰带。战国早期的随县曾侯乙墓出土了不同类型的带钩，可

图 77　战国　鸟首玉冲牙

知带钩在战国初期已发展到很成熟的阶段。战国玉带钩主要有四种：（1）琵琶形短钩。背面较平，有一个圆形纽，纽上或有涡纹，钩头细小，呈鸟头或兽头型，钩腹上凸，多饰小云纹。（2）长形扁担钩，钩身较长，截面扁方，微上凸，似扁担，钩头略细，琢作兽头型。耳、鼻、眼、嘴刻画细致。钩腹饰钩云纹，下端琢小兽面，钩身侧面饰细阴线纹，背面有一长方形纽。（3）方柱式短钩。钩较短，钩身似方柱，呈腹部上凸的弧状，向钩头方逐渐变细变窄。钩首为兽头式，造型简练，整体呈方形，钩身多为光素，无纹饰。颈部或有凸起的横线装饰。（4）宽腹带钩。钩身短而宽，钩腹整体似为方形，局部带有镂雕，典型作品为山东鲁国故城遗址出土的宽腹面纹带钩。

玉剑饰：东周时期的某些铜质兵器上已出现嵌玉装饰，春秋时出现了较多的嵌玉铜剑，逐渐形成了较为统一的玉具剑嵌玉方式。战国时期，由于各地区文化发展的不平衡，玉剑饰的名称及使用方式也略有区别。但总体上看，嵌玉主要在剑柄、剑格、鞘身、鞘下端等处。（1）剑柄饰玉。主要于剑首，常见的有长方形玉剑首，呈柱形，顶端略宽，两面微隆起，两侧有凹槽，表面饰谷纹、钩云纹或兽面纹。（2）圆形涡纹、谷纹剑首。似圆片，较厚，正面中部微凸，饰涡纹，其外饰一周谷纹。（3）圆形柿蒂纹剑首。圆片形，一面中部略凹，饰四瓣柿蒂纹。（4）螭纹剑首。非

常少见，一般看圆剑首的腹面有一个圆环形槽，以嵌铜剑柄，圆环周边又有三个剑孔，可以穿绳固定。

剑格：是处于剑柄与剑锋之间可格挡部位的饰件。常见的玉剑格有几种：（1）菱形谷纹剑格。断面为菱形，中部有孔，榫接剑柄，侧面呈条形，长而窄，表面饰谷纹。（2）菱形兽面纹剑格。形制同上一类，两侧饰兽面纹。纹饰由较

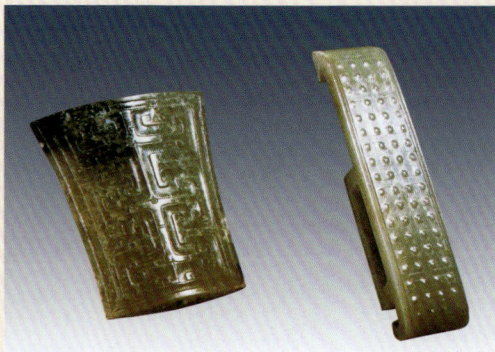
图78　战国　玉剑璏、玉剑珌

细的凸线组成，局部使用阴线。椭圆形剑格。作品厚而小，在两面琢有纹饰。（3）螭纹剑格。为条形格挡物。其上雕凸起的螭纹，这类剑饰多为汉代作品，战国时期较少。

剑璏：为剑鞘饰玉，多为长方形玉片，端部下折，下部有一个长方形仓。主要有四种形状：（1）长而宽，长度约有15厘米，宽2厘米以上。（2）长而窄，长约15厘米，宽度2厘米以下，一般较厚。（3）短而宽，长约6～8厘米，宽度在2厘米以上。（4）侧面看似一个长形的"凸"字，两侧间透空。以上剑璏，表面多琢磨纹饰，以谷纹、钩云纹及阴线钩连纹为常见。

剑珌：是剑鞘下端的饰玉。**图 78** 一般作品呈较扁的梯形。两侧内凹，中部略凸，表面或饰钩连的"山"字纹图案，或光素无纹。有一些作品形状有变化，截面椭圆形，两侧无凹腰，饰纹也多种多样，还有一些作品呈不甚规则的镂空状。

玉镖：古人使用的镖具有实用及佩戴多种功能。同其他质地的镖相比较，玉镖的装饰性更强。目前已发现的战国玉镖还不多，作品还保留着实用性镖的基本样式，呈较矮的筒状。

（二）仿制的春秋、战国玉器

春秋、战国是玉器发展的不同时期。这一时期玉器的风格同商代之前和唐代之

后的玉器风格有很大的差别。这一时期玉器的纹饰密而满，充满了神秘的色彩。春秋玉器的主要纹饰有蟠虺纹、钩云纹、兽面纹、方折"S"形纹。战国玉器则以谷、蒲纹为主，还有其他多种纹饰。汉代玉器中出现了乳丁纹，大量使用兽面纹、螭纹，并出现了许多新的玉器品种和样式。

仿春秋风格的玉器出现得较晚，现在能见到的多是近、现代的仿古作品，个别的为清代作品，主要有如下几种。

1. 虎形玉片。 虎形玉片流行于春秋及战国早期。玉片较薄，虎身有方折"S"形纹、"人"形纹和钩云纹，虎头较方唇上卷。仿制的虎形片一般是照实物或拓片制造的，在尺寸、纹饰上同真器无大差别，差别主要在用玉、沁色和做工方面，所用之玉多较次，硬度、光泽都不够，沁色以灰白色为多，做工也较差。但也有做得非常好的。笔者曾见一仿春秋玉虎，片形，赭色铁锈沁，用玉及做工极佳，与真器几无差别。但虎身个别纹饰有清代玉器特点，疑为清代仿制。

2. 仿古玉佩。 形式多种多样，多数是照图片仿制，形式与真器差别不大。常见的有两种纹饰，一种为阴线琢出的钩连纹，线条纤细规整；另一种为隐起的蟠虺纹，器表面有排列整齐的丘起，其上以阴线琢蟠虺。做法同春秋玉器近似，尤其所制扁佩，极似春秋时的作品，但作品稍厚，花纹较新。

仿战国玉器产生于何时，目前尚难定论。有学者认为唐代就已出现，但在唐代墓葬的考古发掘中未见到仿战国玉器。目前能够确定的宋代仿古作品中，个别玉器带有战国玉器风格，但整体风格与战国玉器相差甚远。在明清时期的仿古作品中，有较多的仿战国作品，较常见的有璧、环、剑饰、玉佩等。这些作品用玉较精，制造工艺也很讲究。近现代制造的仿战国玉器，主要有佩饰、璧、璜、剑饰等。玉佩用料以岫岩玉为多，加人工染色。染色多为水沁或石灰沁，较常见的有双龙佩、"S"形龙佩、虎形佩等。一些玉佩上饰有云纹或谷纹，纹饰死板呆滞，与真正的战国作品有很大的区别。目前市场上还能见到仿制的战国人形佩，这些作品多数是按照图录样式再略加变动，有些则与图录所载图形完全一样。我们知道，战国玉佩中，有一些作品样式大体一致，如"S"龙、虎形佩等。还有一些作品是独立设计的艺术品。可能制造时有一对，但不会同时制造许多件。所以，同某些已知作品相似的特殊形式的作品，后仿的可能性就很大了。近现代仿制战国的玉璧、玉剑饰，所用之玉及纹饰加工上，较真正战国作品相差甚远。

仿春秋战国风格玉器举例

1. 仿古谷纹小璧 图 79

作品小而厚，直径2.5厘米，厚0.8厘米。表面以60度角交叉的阴线界出凸起的谷纹，边沿有凸起的边棱。作品在三个方面与战国玉璧有不同：其一为玉质，战国玉璧中几乎无这类糖黑色或红色作品；其二为厚度，此两件作品过厚；其三为直径过小。据这些情况判断，作品应为仿制品。

2. 仿古螭纹玉环 图 80

青玉制，表面有褐色斑，圆形，中部透雕蟠螭。环外上部有饰纹。此环为仿古作品，所用玉料青色之中带灰黑色，汉代前难见使用。褐色斑点也与古玉所带色变不同，作品边线不齐，不是汉、战国工艺，是制造时间不长的仿古作品。

3．仿古椭圆形兽
面纹玉环 图 81

　　作品为青玉，局部糖色，表面有白色。椭圆形，两端饰兽面纹，中部饰谷纹。作品花纹有古意，但兽面略显死板，表面白色浮而不沉，应为染色，因而这是一件人工染色做旧的仿古玉器。

4．仿古双龙首玉璜 图 82

　　作品用白玉两端雕龙首，中部饰谷纹，璜的上部、下部都有透雕的装饰。这件玉璜，玉色方面问题不明显，但局部赭色为染色，器物边线多曲，不似战国风格。

5．仿古龙、鸟纹玉佩 图 83

　　作品为青玉，局部有白斑，龙身呈"弓"字形，饰谷纹，龙背后有透雕立鸟。所用玉料局部青色，局部生白，有染色赭斑。作品有较强的战国玉器风格，但图案局部有失战国玉器风格，为仿古作品。

6. 仿古瓦面玉饰 图 84

作品为青玉，大面积白色，有赭色斑。长方形片状，隆起似瓦片。表面饰钩云纹。两端似鸟头。此种瓦面饰，江苏吴县春秋窖藏玉器中有，传世春秋玉器中亦有，作品有流行性。但此作品玉色生冷，与下件玉龙染色方法一致，但时代风格不同，应为仿古作品。

7. 仿古玉龙 图 85

青玉，表面有白色斑，片状，似兽身，长角、长尾，兽身饰花纹。作品造型有战国玉器风格，龙身饰花纹有春秋玉器风格，但在春秋战国玉器中，这种大尾多用于玉虎。作品的组合方式与古代作品不同，应为仿古玉器。

8. 仿古玉鸟 图86

两只皆青玉，有白斑，尾部赭褐色，色透而不糟。作品与上一件与龙的用料、染色、图案加工一致，能判定上一件为仿古作品，则能判定此两件为仿古作品。又可知此等赭褐色、白色斑皆为仿古之特点。

9. 仿古玉蝉 图87

照片中顺序排列玉蝉三件，皆汉代玉蝉风格。左件玉蝉，边角圆润，似有旧感，但头部沟深无变化，表面颜色深重似新染。中、右两件玉蝉，玉色青绿，不似旧玉上色，琢工硬利，表面浮白色，皆为新仿特点。因而三件作品皆仿古玉。

10. 仿古玉剑珌 图88

　　汉以前剑珌，一般中腰内收，宋、元作品则两腰呈直线，但宋、元玉器用玉较好，且难见青绿色玉料。此三件作品成组出现，已近批量，用玉不及宋、元玉器，色又为人工而成。作品为仿宋、元玉珌。

11. 仿古玉人 图89

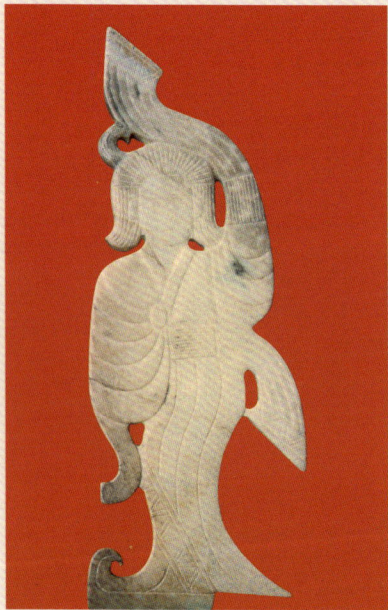

　　此种风格的战国玉人目前已发现数件。这件作品用料青色，表面大范围白色，用料已不似战国玉器，色又为人工所制，所琢阴线均匀一致，也不是战国玉器工艺。为仿制品。

12. 仿古云纹璜 图 90

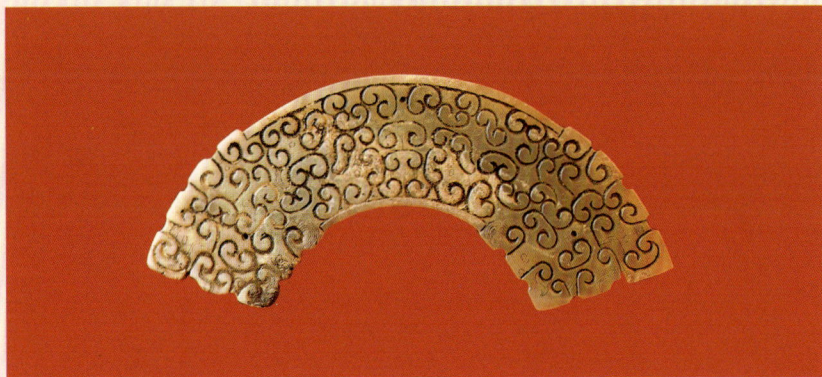

　　此璜玉色青绿，大面积白色，两端有边齿，表面饰阴线钩云纹。作品用玉硬而不透，白色为玉料所含。在春秋战国玉器中，此种玉料未见使用，且阴线钩云处未见凸起，应为仿春秋玉器。

13. 仿古镂雕龙鸟佩 图 91

　　作品略厚，青玉，局部白色，透雕一龙，尾为鸟首，战国玉器风格。作品玉料白色多，青色少，白而不透，非战国玉料特点。龙身饰阴线花纹在战国龙形佩中亦少见。判断为仿战国玉器。

14．仿古双龙玉佩 图 92

　　此种玉佩安徽长丰杨公乡战国墓出土有1件。战国至汉代，同样玉佩制造多件的现象时有出现，但作品间往往略有区别，且多出于同一墓。长丰玉佩出于考古发掘完整墓葬，不会有流失。此作品伤缺处亦与长丰玉佩同，乃仿制所为。且长丰玉佩玉质灰化而后变青，此作品全部白化，为人工所为。

15．仿古双龙兽面纹佩 图 93

　　作品主体为兽面，兽面之上有一鸡心佩，两侧各有一龙。龙与兽面纹皆战国玉器风格。兽面、鸡心佩、双龙组合在汉代以前的玉器中不曾出现，且鸡心佩主体呈方形，加工设计草率。为仿古制品。

16. 仿古龙凤玉佩 图 94

作品为青玉,局部有赭色,蛇身,两端各为龙头、凤头并兽足。此作品中龙、凤皆战国、汉玉器风格,但将其作蛇身组合,古玉中所未见。疑为仿制。

17. 仿古云纹玉璧 图 95

作品为青玉,赭色斑,表面饰五周花纹,每周花纹为凸起的"S"与网格纹组成二方连续图案。一般来说,凸起的"S"纹与网格纹见于春秋及战国早期玉器,但此图案层层递缩,越往内越小,并不是这时期玉器风格,这时的每周图案应数量递减。此作品为仿古。

18. 仿古粗绳纹环 图96

圆形，较厚，内外缘部较薄，表面饰凸起的排列弧线。作品近似于战国时期流行的绳纹环，较战国时期作品的细致程度略差。目前考古发掘到的玉器中尚未见到这类作品，此器表面有较厚的人工染色，疑为仿古作品。

19. 仿古玉跪人 图97

人为跪式，螺髻，披发，束带，手持大环。跪式玉人在商代玉器中有较多的出现。中国历史博物馆也藏有两件战国玉人，似骑，似跪。汉代玉人主要为站立式，个别跪式为舞人。此作品中人物服饰与战国作品有别，装饰花纹有战国玉器风格，表面颜色有浮斑，为仿战国风格玉器。

十、秦、汉、魏、晋、南北朝时期的玉器及其仿制

　　秦、汉时代的玉器同战国玉器有明显的继承关系。秦代由于时间短，目前发现的秦玉还不多，具有独特风格的作品更少。主要作品有玉杯、人形玉片、玉剑饰。汉代玉器中的璧、璜、龙形玉佩中的多数作品，在样式、装饰风格、使用方式上保留了战国玉器的传统。这一传统又部分地影响到了魏晋、南北朝时期的玉器。秦、汉、南北朝时期的玉器中，也有一些具有自己独特风格的作品，这些独特风格表现在器物品种、造型，玉器的装饰方法等不同的方面。**图 98～112**

图 99　汉　兽面纹璧

图 98　汉　三龙首玉佩

图 100　汉　透雕兽纹璧

图101 汉 司南玉佩

图104 汉 玉鹰

图102 汉 涡纹玉剑首

图105 汉 玉圭

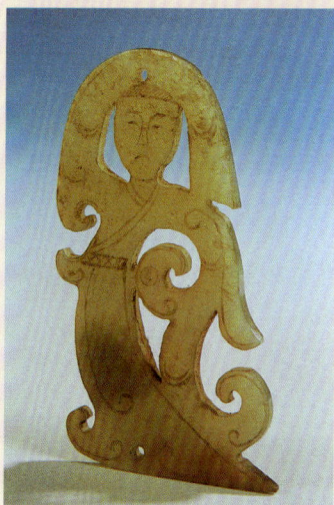

图103 汉 玉舞人

图106 汉 螭纹玉剑璏

图107 汉 玉冲牙

图110 汉 玉辟邪

图108 汉 透雕变形镖式佩

图111 汉 "宜子孙"玉璧

图109 汉 玉鸡心佩

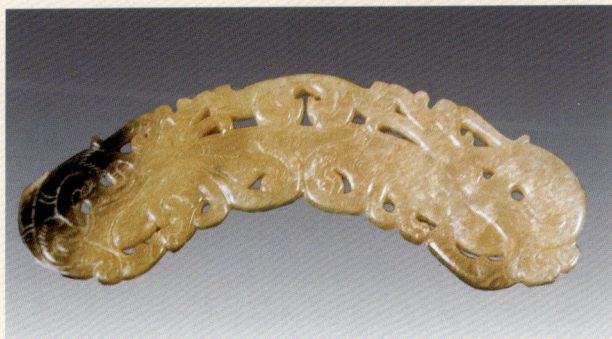

图112 汉 透雕璜式佩

（一）　秦、汉玉器的主要特征

秦及两汉早期，许多玉器的纹饰延续了战国玉器的纹饰风格。西汉晚期玉器风格出现了变化。东汉时期动物纹样、云水纹样有了较特殊的使用。常见的汉代玉器饰纹有下列几种。

1．谷纹：谷纹在战国玉器上已大量使用。汉代沿用了战国玉器的这一纹饰，使用中又可分为三种不同的情况：（1）卧蚕类谷纹。战国作品上的谷纹谷粒较小，排列紧密，谷粒顶部较尖。汉代谷纹中出现了谷粒较大，排列略松，起凸很浅，谷粒上部较浑圆的装饰方法。（2）乳丁类谷粒。为凸起的圆形颗粒。战国玉器上乳丁类谷粒纹使用较少，多见于楚文化玉器，谷粒一般较小。汉乳丁纹玉器较多地出现，一些玉器上使用了大乳丁纹。另外，自秦代玉器上就出现凸起较矮、轮廓模糊的小乳丁纹，这类纹饰在一些汉代玉璧、玉璜上经常出现。（3）带有阴线钩连的谷纹。汉代玉器上谷纹间的钩连阴线有多种形式，丁字形钩连、折角形钩连是两种最常用的连线方法。

2．蒲纹：汉代玉器上蒲纹的用法同战国玉器类似。大致也可分为两类：一类为细密的蒲纹，用较深的阴刻平行线，夹角呈60°分三组交叉排列，在线条及交叉点之间留出六角形的空白，空白处较高，似凸起的谷粒，但顶部留出一个小平面；另一类为较疏朗的蒲纹，线条的组织方式与上一类相同，但阴线浅而宽线条间的空白处凸起不甚明显。

3．柿蒂纹：形似柿蒂，分为多瓣，每一瓣的主体呈横向的椭圆形，前部尖凸，似柿蒂而有变化。这类饰纹多呈环形装饰，常见于剑首、柱形杯的杯足或其他圆周式装饰的玉器部位。汉代柿蒂的花瓣略宽厚，以五瓣、六瓣为多，偶见四瓣，一般都为较浅的凸起，饰于玉器凸起或为弧面下凹的部位。

4．云纹：人们常把战国及汉代玉器上的某些二方排列或四方排列的装饰图案列为云纹类。实际上自古以来人们对这类图案有各种不同的称谓，这些称谓依据并不充分，也不能形象地表明纹饰的形状。常见的汉代云纹类纹饰大致有以下几种：（1）钩云纹。形似在两个小的半圆环间以弧线相连，有些图案以阴线构成，有些则以凸凹结合的方式构成。（2）云雷纹、云矩纹。所谓云雷纹是以直线折成近似"回"字状的多层方形图案排列而成的装饰纹。云矩纹是不完全封闭的长方形状图案排列组成。（3）云水纹。是一种连弧状或波状的图案组合。呈凸凹状，似云水流动，或呈云团状，这类图案只见于佩饰类玉件上。（4）三叉云。汉代玉器上有很多三叉形图案，形状多为在一个柄状图案的端部向前方及两侧歧出三个叉，两侧歧出的图案略向回钩。有一些图案出现于其他装饰图案中，被称为三叉云。

5．**涡纹**：涡纹的形状似旋涡，图案的外周多为一个较大的圆环，自圆环向内旋出多组弧状旋线，线端又有多种钩连变化，圆环的中心又有一些小的图案。

6．**龙纹**：龙纹是汉代玉器中使用较多的纹样。西汉早期玉器中的一些龙纹同战国玉器上的一些龙纹类似，如一些玉璜两端的龙首，上唇厚大而上卷，整体上近似方形，环形璧中心或饰玉龙，其形似兽而且唇似刃，为弧形的斧钺。西汉中期龙纹形状有了很大的变化，龙纹可以分为三类：（1）侧面兽身龙纹。这类龙纹类似后来的麒麟，龙身或似兽身，或将兽身拉长，有些龙的身上饰有鳞片纹。龙尾多似虎尾，长且端部回卷。（2）龙首纹。可分为正面龙首及侧面龙首，以侧面龙首为多。侧面龙首的唇变为长条状，上唇上翘或上卷，嘴微张，眼的上方为额头，呈高蠹状。有很多龙的额头端部呈向前的尖状，头顶有一个角，往往为弧状。正面龙头主要见于饰有龙纹的玉璧，玉璧上分出内外几层环形区，或于外区饰几组龙首纹。作品的风格与战国时的作品类似。江苏扬州老虎墩汉墓出土的一件玉环，其上饰正面龙首，形似螭头，整体似长方形，下唇极长。（3）蛇身龙纹。龙身细长，或为曲身的玉佩，或为环状的玉佩。环状的玉佩往往带有一个龙足，呈后蹬状。

7．**螭纹**：战国器物中出现了一种头型似虎头的动物纹样。人们认为这便是文献中所谓的螭。这类纹饰在玉器中大量出现，一直延用到清代。汉代玉器中装饰螭纹的作品非常多，且有鲜明的时代特点。后世的作品装饰的螭纹，大多是在汉代螭纹的样式上演化而来，整体上相似，局部有很大变化。汉代螭的特点主要表现在头型、五官、身型、角、足、尾等方面。螭头的上部横宽，近似于长方形或椭圆形。下部为鼻，鼻型变窄而明显前凸，呈横条形、斧钺形、凸榫形、锥形等不同的样式。耳有几种：短耳，向两侧横出。几式耳，两耳各呈"几"字形。叉式耳，两耳似双股叉自头顶上竖。环形打洼耳，两耳根部各有一个圆形的洼坑。螭眼的形状有几种：圆球形、阴刻水滴形、阴刻横线形、阴刻环形。螭尾较长，主要有两式。一为分叉式，或三叉，或两叉，其中一叉为主叉，较长，另一叉在其旁，尾端曲卷。

一为虎尾式，似虎尾粗而长，端部回曲，有些上面饰有绳纹。

8. 鸟纹：多见于镂雕玉璧或细阴线刻纹璧。鸟纹可分为头、翅、尾三部分。头部特点为长颈、小头、钩嘴，头顶或有一撮短的钩形翎，或有一较长的十字形翎。鸟身较长，略细，翅较小，呈钩状，绝无展翅之姿。鸟尾较长，有一支主干，其上分出钩卷的杈，尾上无细部的羽毛刻画。鸟形多为回首或昂首前视的形状。

9. 其他装饰纹样：汉代玉器上出现的装饰纹样多种多样，常见的还有兽面纹、绳纹、网格纹、小的阴线装饰图案等。兽面纹多呈浅浮雕状，在平面上略有凸凹变化，两眉水平，端部或向上折，呈绳纹状，鼻部竖直，嘴不明显，面部布满小钩云纹。绳纹用于图案分界处、动物的眉尾部，有的较细，似扭丝，有的较粗。网格纹的面积较小，多见于组合图案或兽面图案的局部点缀。小装饰图案有各种样式，饰于兽身、螭身、鸟身的肌肉活动处。

汉代玉器装饰中较多地使用了细阴线和大坡面阴线。这两种阴线在战国玉器上已较多地使用，汉代玉器上又有了发展变化。很多地方似接似断，断断续续，一些人称之为"跳刀"线，谓其如钉头跳跃划出。大坡面阴线与所谓的汉八刀琢玉法类似。汉代出现了许多加工方法简练的玉器，如玉猪、玉蝉、玉人、玉带钩等，将玉材进行较简练的切削，便确定器物形状，再进行简单的大坡面阴线勾勒，界出局部特点。这两种阴线的使用，在汉代分区玉璧的兽面纹加工中最为明显，这类兽面纹往往是用细阴线勾出兽面及两侧龙身，再于兽面的眉、鼻、嘴等处勾几道深槽。

（二）秦、汉玉器的仿制

秦、汉玉器的风格延续到了魏晋、唐及五代，玉器的风格较以前发生了巨大的变化。目前发现的唐、五代玉器中几乎无仿古作品。文献记载的早期仿秦、汉玉器为宋代作品。明人高濂著《遵生八笺》曰："汉人琢磨，妙在双钩碾法，婉转流动细入秋毫，更无疏密不匀，交接断续俨若游丝白描，毫无滞迹。其制人物螭玦钩环并殉葬等物，古雅不烦，无意象形而物趣自具，尚存三代遗风。若宋人则刻意模拟，力求形象，徒胜汉人之简，不工汉人之难，而双钩、细碾书法，卧蚕则迥别矣。所以汉宋之物入眼可识。"这一记述说明了宋代仿汉代玉器的情况及其与汉代玉器的区别。

自宋以来，仿汉代玉器经久而不断。从现代掌握的情况来看，宋代制造的仿汉代玉器在器物的造型及花纹上与汉代作品有所不同，且一般不染色做旧。明代的仿汉代玉器略显粗笨。宋、明仿古玉中有少量染色做旧的作品，染色方式自有特点，与清代以后的作品有不同。

目前市面上流传的仿汉代玉器，清代以前的作品并不多，最常见的是近现代及当代的作品。作品的种类涉及了汉代玉器的方方面面。作品可分为两类。一类为与汉代作品风格相似的玉器，一类是加入了一些非汉代艺术内容的作品。对于第二类作品，通过对汉代艺术品的研究及特点的认定，然后加以比较便可识别。对于第一类作品则需要综合研究加以判断。

最常见的仿汉代玉器有下列几种情况。

1. **玉衣**：仿汉代玉衣之风主要流行于近几十年。满城汉墓玉衣出土后又有多套汉代玉衣被发现，有金缕、银缕、铜缕、丝缕，产生了轰动。为宣传中国古代文化，国内各地玉器厂复制了多套作品，作品用料好，不进行做旧处理。与真实的汉代玉衣区别主要在于看新旧，但由于玉衣片工艺简单，墓中情况又多于变化，识新旧亦非易事。上世纪80年代后，仿制汉代玉衣成为玉器业仿古作伪的重要内容。一些作品为整套玉衣，一些作品为局部的四肢及手套、鞋靴，皆为玉片组成，而其中以银缕者为多，银色有黑锈，个别的作品用了金缕。从墓葬出土玉衣的情况看，缕绳一般多已断朽，玉片散落而无整体形状。绳缕成型的，皆为后人修复。仿制的作品，玉片或薄或厚，皆可被识破，仅有厚度相宜的，要看玉色、玉材、穿孔等方面情况而识别。其中以玉色新旧较难判断，所见有人工烧黑、烧白及染褐色。

2. **玉猪**：常见的汉玉猪多为入葬时人手所握，又称为玉握，以柱状及片状两种最为常见，柱状玉猪，截面下方而上圆，头部变细，猪身有简单的阴线界出的四肢、眼、耳。这类玉猪的仿制品，当代玉器中较多。识别是要注意玉材的选用、阴线的处理及底面处理三个方面。

3. **玉辟邪**：汉代辟邪是立体造型的神化了的想象中的动物。有一些为玉镇，可镇坐席，还可藏于袖，便衣袖下垂，用于案头亦可做镇纸。另外一些内空，可贮水，或为砚滴等文具。目前发现的汉玉辟邪，考古发掘品、传世品的总数不过几件。仿制品则是大量的，可分为宋元仿、明仿、清仿、现代仿制等不同类型。汉代作品具有小头、张口、凸眼、短肢、有翅等特点，仿制品则神韵不足，头、翅、足、脚、尾中有不合汉代风格之处。

4．**各类动物**：汉代玉雕动物中较常见的作品为玉马、玉羊、玉鸠，另外还有玉制的熊豹、牛等。仿汉代动物中以玉马、玉羊为常见，作品在头型、尾、身形方面与汉代作品存在着明显差距。

5．**各类玉佩坠**：汉代玉器中玉坠、玉佩饰占有较大的比例，作品有环、璜、冲牙、龙形佩、玉人、玉扣、玉刚卯、玉严卯、玉瓮仲人、玉舞人、镙形佩、觹、玉具剑所饰剑首、剑格、剑璏、剑珌等。这类玉器的仿制品在现代大量出现。与真品相比，多数仿汉代作品的造型、图案欠准确，少数作品做得非常像古物，需认真判定真假。

6．**玉璧**：有仿汉代的谷璧、双身龙首璧，所用玉料与汉代作品接近，图案、装饰又仿得很像。色泽、工艺则有不足之处。

（三）魏晋南北朝时期的玉器及其仿制

自公元220年魏文帝立国到公元589年隋灭陈国的一段时间，为魏晋南北朝时期，而三国政权建立于汉末，此时汉已名存实亡。

汉末，玉器的生产与使用皆出现了低潮。首先，人们对玉器使用的重视程度大不如前。战国到汉代，玉佩的使用近于制度变化，在玉器中所占的比例也相当大，而到了汉末，人们几乎不佩玉。文献有述："汉末战乱无佩玉，侍中王粲识旧佩，使作之。"我们不知道王粲识的旧佩是零星的作品还是成系统的玉佩，但这一记述说明了两个情况：一是汉末玉器的短缺及佩玉习俗的低落；二是玉器制造恢复过程中的仿汉风格。汉末玉器使用的锐减，还表现在薄葬及随葬玉器的稀少，目前已发掘的魏晋墓葬中，随葬玉器的数量非常少，同汉代墓葬相比，在玉器的数量和质量上存在着相当大的差距。宋人沈约著《宋书》时对这一现象的产生进行了考释："汉献帝建安末年，魏武帝作终令曰'古之葬者必在瘠薄之地……'魏武以送终制衣服四箧，题识其上，春秋冬夏日有不讳，随时以殓，金珥、珠、玉、铜、铁物，一不得送，文帝遵奉，无所增加，……汉礼明器甚多，自是皆省矣……"丧葬风气的改变，最初的原因应是战乱造成的经济萧条、汉末的军阀混战给手工业生产带来的打击非常巨大，尤其是玉器，以至于出现了"吴无玉工"之说。自春秋战国以来，吴、楚玉器自成体系，精致程度及使用数量之多是空前的。尤其是南京一地，长期都是中国玉器的生产与集散地。三国之时也出现了缺少治玉人才的情况；秦、汉两朝皆以玉为玺，史称"以玺为称，又独以玉，臣下莫得用"，但"吴无玉工，以金为玺，孙皓制造金玺六枚是也……，皇太子……佩瑜玉。……诸王……佩山玄玉，……郡公、金章，佩水苍玉"。

记载表明，这一时期许多地区，政权规定的用玉方式是同传统的用玉习惯一致的。考古发掘所发现的魏晋南北朝时期的玉器目前尚不多，已发掘的墓葬中还没有出现汉代以前那种大量玉器随葬的现象，所用随葬玉仅为数件或十数件，数量、品种、加工精度都同前代相差甚远。南京地区为六朝故城，魏晋南北朝时期的玉器相对于其他地区较多，如幕府山一号六朝墓、光华门外石门坎乡六朝墓、郭家山东晋墓、象山七号东晋墓都出土有这一时期的代表性作品，另外在江西、山西、陕西、河南等地也出土有这一时期的玉器。传世的魏晋南北朝玉器往往不为人们识别，被确定为这一时期的传世玉器，或是借助于考古发掘材料，与相关的其他门类器物艺术风格进行比较，或是将具有汉代玉器风格又有其他变化的作品划入此类。

目前已知的魏晋南北朝玉器主要有下列几类。

1．**器皿**：1956年，河南洛阳市魏墓出土了一件玉筒式杯（《中国玉器全集·四·图278》），白玉外表光亮，绝少有沁色，玉质较好，形状同一些秦汉墓中出土的筒式杯类似。安徽省博物馆藏有一件六朝时期的青玉羽觞，内外皆光素无纹饰，羽觞内原有一道隔屏被砣去，尚留遗痕。1965年，辽宁省北票县西官营子冯素弗墓出土了一件玉盏，内外无纹饰，形似碗，壁较直。

2．**螭纹佩**：有两类：一类为环形，头部或为螭似龙，其身躯为环形，无纹饰，身旁或有小鳍并有一足后踏，个别作品兽头旁还有一鸟。另一类为觽形佩，中部为椭圆形孔，孔旁浮雕螭及云水纹。这两类螭纹佩在汉代，尤其是东汉已很流行。魏晋南北朝时的作品应是汉代用玉传统的继续，作品承袭了汉代同类玉器的风格，但螭的形状略有改变，一些螭的造型失去了汉代的威武风格。

3．**云形佩**：是一种佩戴于身的玉件。玉佩呈片状，一般都不太大，上部有孔可穿丝绳，下部平直，上部似数个凸出的云头相连。这类玉佩在考古发掘中已得到了数件，皆若平板状，无浮雕纹饰，依素面为主，仅在个别作品上有线刻图案。故宫博物院收藏的一件作品上带有很精致的细阴线图案，一面为火焰纹，一面为凤鸟纹及云纹。

4. 环、璜类玉器：南昌京山南朝墓出土有素面的玉环、玉璜（《中国玉器全集·四·图302、图303》）。同时出土的还有其他玉器。墓中出土的环、璜可能是成组使用的。在古代，环、璜类玉器多见于礼器及佩玉，发展到了南北朝时期，它的用法和含义可能更加丰富。故宫博物院藏有一件虎纹玉璜，一面为浮雕的虎纹，另一面为十字形的云纹，这类云纹在其他南朝玉器上也曾出现。虎纹玉璜的年代确定，说明在南北朝时期，玉器或曰玉璜的装饰风格较汉代玉器有了较大的发展。

5. 剑饰：玉剑饰流行的鼎盛时期是战国及汉代。魏晋以后，饰剑范围更小，玉剑饰衰落是非常明显的。考古发现的六朝时期玉剑饰数量很少，大致有两类：一类为汉代风格的延续，以南京中华门外西晋墓出土玉璏为代表（《中国玉器全集·四·图286》），作品为长条形，表面饰凸起的钩连云纹，一端为小兽面。另一类则与汉代作品有很多差别，辽宁省北票县北燕冯素弗墓出土的玉剑首，表面为凸起的、多层次叠压的云水纹，同汉代流行的玉剑首风格有所不同。

6. 玉带饰：这一时期玉带饰有所发展，大致有两类，一类为带板，一类为带钩、带扣。陕西咸阳王士良墓出土了一套北周时期的白玉带饰（《中国文物定级图典·一级品·上卷》），由二十块玉剑组成，其中九块环形，八块方板形下接挂环，一块方形镂纹，带扣、铊尾各一。玉板正面穿孔，用铆钉铆于带上。除镂雕一块外余皆无纹饰。这一组带板同唐代的较为流行的饰纹带板在造型上的联系很少。汉代玉带钩可分为两类：一类为雕琢复杂的饰纹带钩，一类为雕琢简练的鸟头或兽头钩。六朝玉器整体风格趋于简练，带钩制造中承受了汉代作品的简练风格。

7. 动物类作品：常见的为玉猪及玉蝉。作品延续了汉代同类玉器风格，一些作品上出现了变化，玉猪的头部更加形象，身体变得细弱。有人曾把汉代玉猪称为"琥"说明汉代玉猪的神态表现，六朝时期的一些作品则无这种神韵。从石雕中我们可以看到：六朝时期的动物造型艺术取得了很大的进步，作品不仅丰满且线条流畅圆滑，充满了韵味，辟邪类作品则更具勇猛之感，而六朝时期的玉雕动物也应具备这些特点。鉴定家们把一些具有上述风格且具汉玉特征的某些天马、辟邪划归为六朝作品，数量不多，有待逐步确定。

从以上几种玉器中可以看到：魏晋南北朝时期玉器的纹饰具有下列几种：1. 光

素无纹饰，见于器皿、佩饰等玉件，其中一些玉件具有独特的造型。2.浅浮雕的图案化饰纹，主要为动物或云水纹，构图紧凑而不琐碎。3.细阴线饰纹，见有云纹、火焰纹、虎纹、凤鸟纹、龙纹。云纹见于玉佩、玉璜，呈"十"字形，像展开翅的小鸟。火焰纹见于玉佩似长带，焰头似多道飘带并列。虎纹见于玉璜。凤鸟纹见于玉佩，造型有汉代纹饰韵味但已有变化，是用很细的断续阴线勾出的。龙纹见于上海博物馆藏玉鲜卑头，作品为镂雕，饰龙纹，龙身带有细阴线装饰。

魏晋南北朝玉器中较多地使用了穿孔式镂雕技术。主要见于佩玉。镂孔时往往先打一个小孔，然后再穿线拉磨，在一些玉剑璏上往往留有穿孔和拉丝两种痕迹。

魏晋南北朝时期的玉器作品数量不多，整体上延续了汉代风格但略有变化。据这一特点，一些人把传世作品中与汉代风格玉器相似但又有区别的作品纳入这一时期。用这种办法确定的一些魏晋南北朝时期的玉器，往往为近现代的仿汉代玉器。

现代玉器中有一些依考古发掘资料制造的仿魏晋玉器，主要有玉杯、玉羽觞、玉印、带阴线花纹的玉佩。上海博物馆藏有一件这一时期的透雕龙纹的白玉鲜卑头，是一件近于长方形的带饰，一侧似有伤缺。目前市面上出现的这一件玉器的仿制品亦用白玉制成，表面有残斑，一侧亦制成残缺状。这类作品常被作为真作品收藏。

仿汉代风格玉器举例

1. 仿古透雕蟠螭纹鸡心佩 图113

作品玉质略差，有黑斑，主体为鸡心形，片状，中部微隆，上部雕一螭，有汉螭风格。此作品风格似汉物，但单螭无饰，过于简练，玉材又差，疑为仿制。

2．仿古饰纹镯 图114

此镯大孔，厚壁，截面为长方形，内壁无花纹，其余三面琢细阴线锦纹地并小"S"纹、直线纹、叶纹。作品玉质青白色，表面有褐色斑，深入玉理。又有一层浮色，为后染之色，花纹近似于战国玉器，但又不同，锦地与叶形纹都非汉代以前玉器纹饰。为仿古玉镯。

3．镂雕龙、螭玉佩 图115

作品为青玉，表面浮色深重，似土咬，雕龙、螭共一细长身，身下又接一凤头，身侧饰小夔龙。作品将螭、龙、凤集一蛇身，这种组合在汉代玉器中未出现，是依汉代风格进行的再设计。表面白斑为人工染色。应是仿汉代风格玉器。

4．仿古鸠首角形玉杯 图 116

　　作品外形似角，由粗转细，杯外有谷纹并阴线。
目前考古发现的角形杯为汉代作品，玉鸠在汉代非
常流行，此作品的主要基调应为汉代玉器，但鸠首
浑圆而短喙，已失汉意，为仿古作品。

5．镂雕兽、鸟纹玉饰 图 117

　　青玉，表面有较多的浮色，中
部为一兽头，长身盘旋，尾部为鸟
头，兽、鸟皆一足，兽身之外又有
一小兽。作品中，兽头似汉代风格
又有差别，钩嘴及头顶之翎状角都
似鸟，若为鸟头则作品离汉更远，
且表皮重色为人工所染。判断为仿
古作品。

6．仿古双螭玉佩 图 118

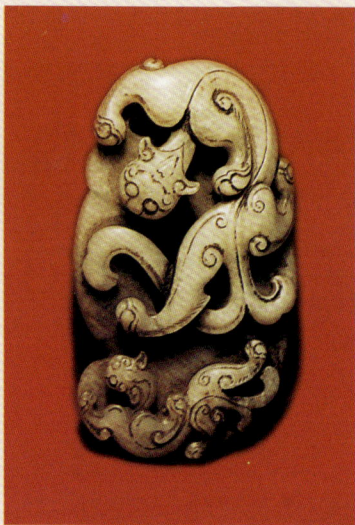

青白色玉，片状，较厚，下部为底托，其上雕子、母二螭。大小二螭在汉代玉剑璏上多见使用，此作品仿其风格，螭形有汉意，但螭头结构更似明代图案，为仿汉玉器。

7．仿古玉人 图 119

作品为柱状玉人，长袍，细腰，长发后披上卷。这一类钩卷方式主要出现于战国、汉代玉器上，人物所着长袍亦见于汉代玉器。但作品用玉青色而多斑，与汉代所用青玉有别，赭色又为后染。疑为仿古玉人。

8. 兽面纹玉饰 图 120

作品似剑琫，表面饰
兽面纹，上下两端贯一通
孔，兽面的平眉，平行四
边形眼眶有汉代兽面风
格，但鼻下卷云纹不正，
卷云两侧饰纹去汉甚远。
作品为仿汉风格玉器。

9. 仿古螭、龙玉饰 图 121

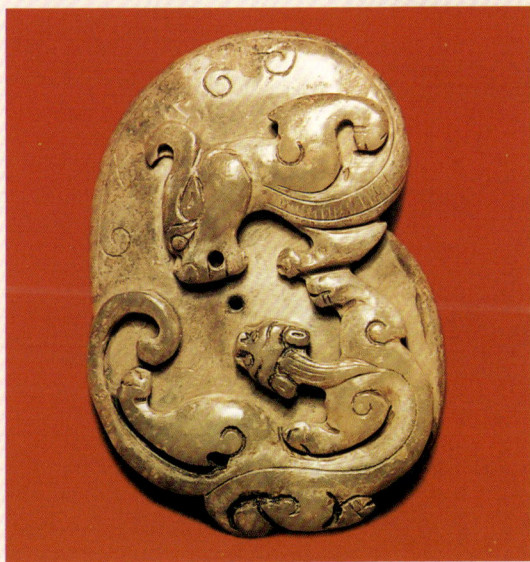

青玉，表面有多处
浮色，椭圆形，凸雕一龙
一螭相对。作品中龙的
前胸有横节纹，这一风
格出现于南朝以后。螭
头有长发，为宋、元风
格。由此判定此玉饰为
仿古作品。

10．仿古玉辟邪 图 122

　　青玉，表面浮有大面积褐色，辟邪为卧形，小头粗颈、绳纹尾。
作品所饰兽面似汉玉图案风格，但与汉代玉辟邪相比有较大差距：
其一，头小而无神、闭嘴；其二，身上细阴线装饰过于细碎、繁杂；
其三，腿后排列的短线不是汉代图案风格。判定作品为仿古玉器。

11．仿古玉饰件 图 123

　　作品上部为立体雕琢的玉辟邪，中部为长尺，下部为夔式装饰。自
玉辟邪看，头、尾具汉代玉兽风格，但目前发现的汉代玉辟邪，翅羽为
前后两组，此作品仅有腰部一羽，似羽非羽，前足造型又显无力。判定
为仿汉玉器。

12. 仿汉鸟首带钩 图 124

作品钩头部分为鸟首，刻画细致，钩腹似鸟身，腹部凸雕一螭，屈身似爬行。鸟首带钩战国时已出现。汉代发展为鸟首、鸟身共现的全鸟形。但在鸟形带钩上雕螭，不是汉代玉器风格，且作品中鸟嘴宽阔，螭头简俗，无汉代图案风格。作品为仿汉风格带钩。

13. 仿古玉鸠、螭 图 125

作品似一长铊，雕鸟首及身，并一小螭。汉代玉器中多有玉鸠，此作品局部风格仿古玉之意，多有钩、卷、网格等装饰，但与汉代图案又有不同，所雕之螭亦无生气，为仿古玉器。

14. 仿古钩连纹玉饰件 图 126

作品为长方形厚玉板，青玉，局部瓷白色，表面凸雕钩连纹，上部似为兽面，琢双眉及眼，但五官不明显，眉前又一小兽面。图案中的平眉及钩连纹似有古意，但与汉玉风格相差甚远，其上颜色又有人为之处。为仿古玉件。

15. 仿古透雕钩连纹鸡心佩 图 127

作品为青玉，中部鸡心式，有孔，外周透雕花纹，但透雕部位凌乱细碎，缺少主体块面，表面又多浮色，为仿古作品。

十一、唐代玉器及仿制的唐代 风格玉器

（一）唐代玉器品种

关于唐代玉器的识别，明代人已注意到了。明后期人氏高濂在《遵生八笺》中有所谈及："唐宋以下，所制不一，如笛管、凤钗、乳络、龟、鱼、帐坠、哇哇、树、石、炉顶、帽顶、提携、袋挂、压口、方圆细花带板、人物神像炉、瓶、钩、纽、文具、器皿、杖头、杯、盂、扇坠、梳背、玉珥、绦环、刀、猿、马、牛、羊、犬、猫、花朵、种种玩物，碾法如刻，细入丝发，无毫末短，极尽工致。宋工制玉不特发古人未有之巧，其取用材料亦多后人心思所不及。"

高濂的记述说明一个情况，即唐宋以后，玉器的制造"渐失古人用玉之意"，作品的风格与内容发生了较大的变化，这一变化影响到了宋代及明代的玉器制造。变化表现在玉器的作品不再以礼器、瑞玉、神异动物、方圆弧类玉佩为主体。作品的分类出现了"所制不一"的现象，动物作品多为"牛""羊""犬""猫""龟""鱼"，人物作品中出现了"哇哇""神像"，用品则有"炉""瓶""钩""纽""文具""器皿""杖头""帐坠"等，多种多样。饰玉主体亦为"炉顶""帽顶""提携""袋挂""扇坠""梳背"。同战国、秦汉作品相比，其中很多都是唐以后出现的玉器新品种。同时，高濂指出了宋玉的某些特点，也是宋玉与唐玉在某些方面的区别。

由于资料较少，我们不能十分明确明代人是如何建立起识别唐宋玉器的参照体系，但可以知道明代人已经进入了主动识别唐代玉器的阶段。

清代收藏、识别唐宋玉器也成风气，且形成了较为明确的鉴别方法。江苏武进人刘心瑶在所著《玉纪补》中认为："秦汉琢工粗多阴纹，有细如发而精巧绝伦者，乃昆吾刀所刻，世罕有之。唐琢粗而圆浑。人物多大头，宋琢方而工致，能起花五六层，元明因之勿如也。"这一认识提出了唐代玉器的大致特征。但在已知的清代所著玉器图录及略晚一些时期的玉器著作中，很少能见到被称为唐代制造的作品。这一情况使我们推测：历来的藏家对唐、宋、明玉器的把握处于不明确的状态中，即便一些鉴识者提出了某些识别标准，也不易为鉴识者普遍认同，且标准本身又较模糊，不易把握。

近现代、当代出版的有关古玉著作、图录中，著者、编者多有对唐代玉器的研究。其中有一些准确性较差，随意而无依据地将某些作品定为唐代，这也说明唐代玉器鉴定中存在的不确切性。

目前，考古发掘到的唐代墓地还不太多，且又缺少高级别官员及贵族的大型墓葬，因而考古发掘所直接提供的唐代玉器还不多。但还是有一些作品，为我们鉴别唐代传世玉器提供了直接的依据。另外，唐代墓葬中出土了较多的金银器皿、陶瓷器具及人物，大量的器物造型及纹样，为鉴别唐代传世玉器提供了间接的依据。

唐代玉器的重要发掘为河南伊川鸦岭唐齐国太夫人墓及陕西西安何家村窖藏。唐齐国太夫人墓发掘于1991年3月（见《文物》1995年11期），一村民发现墓葬后多人参与盗掘，群众举报，文物工作队及县文管会进行了抢救性发掘，公安部门追缴了被盗掘的部分文物。墓葬清理及追缴共获文物1659件，其中金银器21件、金银饰300件、玉石器36件、宝石饰1200件、骨雕35件，余为其他器物。

齐国太夫人，按墓志文生于公元763年，卒于824年，属晚唐时期。墓中出土的器物，具有很强的代表性，一些作品属最常见的唐代玉器墓中的工艺品，提供了较为丰富的唐代器物装饰纹样。

西安南郊何家村唐代窖藏出土的玉器主要有刻花羽觞一件、玉杵一件、方玉一件、玉带多套、镶金白玉镯两对，作品带有明显的时代特征，在纹样、造型、加工方式方面同前代作品有很大的差别，令人耳目一新（《文物》1972年1期）。

目前经确认而无太大争议的唐代玉器主要有如下几类，其中一些作品及风格又延续到了五代时期。

❶ 带饰与带板

何家村发现玉带板两副31片、白玉带板1副16片，骨咄玉带板1副16片，另外还有白玉带饰34片。这一批玉带板出土较多，可见在唐代玉带饰的流行程度。传世玉器中，唐代玉带板也大量存在。

唐代玉带饰大约分为三种：其一为带板，常见的有方形等；其二为铊尾，多为长方形，一侧磨成圆弧状；其三为扣，环形，中部带舌，但很多玉带不用玉扣。一般看来，唐代的玉带板都较厚，很少有镂空工艺，边沿或呈坡状，或竖直，多数作品表面呈边沿凸起的盘状，中部凸起浮雕图案。西安郭家滩出土的一块方形玉带板，表面较平，饰微凸起的吹笙人图案（见《中国玉器全集·五·图62》）。带板上的图案以人物图案为多，**图 128** 所雕人物多为新疆或中亚地区人物，卷发，大鼻，衣裤贴身，穿靴，身饰细密的阴线弧线纹。人物多为奏乐、舞蹈的伎乐人，也有捧果盘、执壶的侍者。一般一块带板仅雕一人。人物脚下有毯，身侧或有装饰性飘带。何家村出土的一套狮纹带板共16片，其中15片

图128 唐 胡人纹玉带板

饰有浅浮雕狮纹。狮形似虎，脑后有长鬣。作者似乎未见过真实狮子，而是以虎为形，略加变化设计出的图案。

❷ 佩饰

考古发掘及文献记载都说明唐代仍有佩玉流行。这种佩玉由古代佩玉体制演变而来，作品以变化了的几何形状为基本特征。伊川齐国太夫人墓出土了两件挂佩。一件近似于较宽的梯形，两侧对称，上面凸起三连弧形榫，中弧有一孔。另一件近似于椭圆形，或称如意形，底部左右各有镂雕饰孔。1972年陕西礼泉县越王李贞墓出土了六件玉佩饰，其中较大的两件同齐国太夫人墓出土的两件形状类似，尺寸略有差别（《中国玉器全集·五·图8》），同时还有弧状璜形佩。两组玉佩，一出自河南，一出自陕西，地域略有差别，作品形制类似，说明此类玉佩的流行程度。如果将这两组玉佩同东晋云形佩（如南京郭家山东晋墓出土云形佩，见《中国玉器全集·四·图289》）相比较，则可看出如意形佩与其在总体外形上十分相似。若同陕西西安小寨南出土的南北朝时期组佩（见《中国玉器全集·四·图296》）相比较，则可看出这几组玉佩皆是以椭圆形佩及梯形佩组成佩玉组合。

❸ 梳背、梳

齐国太夫人墓出土了两件玉梳背、一件水晶梳背。玉梳背一件长7.2厘米，宽2.3厘米，两面浅浮雕双凤纹；另一件长6.6厘米，宽2厘米，一面饰双鹦鹉纹，一面球路纹地，浮雕二童子戏球。水晶梳背长7.8厘米，宽2.6厘米，大方格纹地，浮雕展翅蜂蝶。这组玉制、水晶梳背的出土证明，以往传世的一大批玉梳背及玉梳应属唐代或略晚一些时期的作品。

在各博物馆及私人收藏者的收藏中不乏这类玉梳背。故宫博物院收藏的这类玉梳背大致可分为两类。第一类较大，长度约十四五厘米；第二类较小，长度约六七厘米。两类作品的形状相似，似半月，略长，底沿薄而似有刃形嵌榫，表面有浅浮雕图案。图案以花叶纹为多，又有双雁、水鸟、孔雀、戏童、蜂蝶等纹样。少量作品施以锦地。多数梳背的边沿有一周较宽的边带，边带被磨，略低于梳背表面图案。这一特征在一些唐代的薄片状玉饰件中也有表现，以往的一些鉴定家往往依据作品的这一特点去识别唐代玉器。另外唐代的这类梳背，除玉制品外还有骨制、石制作品。

图129　唐　玉梳背

　　唐代人曾用梳子插于头上，作为妇女的头饰。由于唐代的玉梳主要用来作头饰，图 129 所以作品一般都很精致，且很薄，极易损坏。故宫博物院藏有两件唐代玉梳。第一件为白玉，长10.6厘米，宽3.8厘米，为极薄的玉片制成半月形。梳的弓部为镂雕的图案，其下为齿，齿较细密，随着在半月形中的位置不同，两端的梳齿较短，中部较长。镂雕部分的图案为相对两鸟，双鸟间有并排的数朵装饰云纹。我们知道，宋代是不用玉梳做头部装饰的，且这件玉梳的用材、加工及鸟纹、云纹的特征皆为唐代特点，因此将其定为唐代作品无争议。故宫博物院收藏的另一件唐代玉梳（发表于《中国玉器全集·五》），长8.15厘米，宽3.45厘米，厚0.1厘米。造型、图案分布、制造方式同上一件相同，只是齿端排列弧度略大，较上一件小而薄，从玉梳特点来看，两件作品应属同一时代。这件玉梳的图案部分镂雕一条细长的盘带，盘带上结出相连的三个五瓣形绳结，绳结周围布有环套，盘带的两端如卷草状，一条细长的阴线随形饰于盘带中部。

　　除了玉梳背、玉梳之外，唐代还有其他一些玉制头饰，图 130 1976年西安电缆厂出土了两件白玉钗，一长7.6厘米，一长6.7厘米，宽1.7厘米，钗头为双股，端部细尖而逐步变粗，两股相连处较粗厚。这种玉头钗隋李静训墓就有出土，因而是一种流传时间较长的用品。另外唐、五代墓葬中还出土了一些嵌于金属头钗上的玉嵌片，传世玉器中也有一些这类的嵌片。这些嵌片或镂雕，或凹雕，以白玉为多，呈一端略尖的锥片形，表面饰紧凑布局的花鸟图案，玉片的边缘则依图案的边线进行裁剪，出现凸凹变化。

❹ 玉雕动物、人物

已公布的考古发掘材料中，尚未见到有关出土唐代玉雕立体人物、动物的报告。《中国玉器全集·五》图22录有无锡市扬名乡出土的一件唐代人鹿纹玉佩，饰有浮雕的人、鹿纹饰，图案的组织方

图130　唐　嵌玉头饰

式同唐代玉带板图案不同，属较好的唐代动物、人物纹玉器。依据艺术史提供的材料，文物及考古工作者确定了一些传世的玉雕人物、动物为唐代作品，大致情况如下。

飞天：传世玉器中多有玉飞天，主要为镂雕片形作品，形象、服饰各异。1970年与1979年，内蒙翁牛特旗与辽宁喀左县相继出土了辽代的玉飞天，作品有较强的辽代服饰特点。通过研究，一些学者认为辽代玉器体系中，一些作品明显地受到唐代玉器或北宋玉器的影响，玉飞天这类作品源于唐代。《古玉精粹》一书将故宫博物院收藏的一件唐代飞天刊出，这件飞天的头型、发髻、服饰都具唐代造型艺术的特点，其身下的云朵与辽代的作品也不同，属唐代作品，装饰中的多齿沿骨朵云。传世玉器中还有一些同这件作品类似的，上身赤裸的玉飞天，也被学界认为是唐代的作品。

舞袖人：《故宫博物院历代艺术馆》图790、图791录有两件"五代昇元七年"款画彩舞俑。其俑着长袍、束腰、矮靴、细长袖，手前部往回折，似舞袖状。这一

类型的作品唐代墓葬中也有发现，说明这类造型在唐、五代时期就已流行。《故宫博物院历代艺术馆》图712青玉人骑象，图724白玉戏狮人，在装束、神态、题材等方面皆属这类作品，因而定为唐代。另外，传世玉器中还能见到类似的作品。

依照造型及加工特点，学界还把一些传世的立体玉雕人物定为唐代作品。但对唐代玉人的识别还不能确定出更为普遍而简洁的方法。唐李白《在水军宴书司马楼船观妓》有"双鬟白玉童"之句，若是指玉雕人物，则唐代玉人的使用应是较广泛的。

学界定为唐代作品的玉雕动物有玉猪、玉狮、玉鹿、玉异兽、玉鸟等。《中国玉器全集·五》图42收录广东张九龄墓出土小玉猪，青玉，长5厘米，作品造型简练，柱状，头部造型生动，作品无穿孔，玉无沁色，表面有细小的斑坑，似为土中埋藏所致。

唐代工艺品中，带有鹿纹的作品非常多，尤其是近年出土的大量金银器上，保留了较多的鹿类纹样。这些图案给人们识别玉雕鹿提供了借鉴，这些鹿类作品具有肌肉表现丰满、直颈、凸嘴等特点。无锡出土的人鹿纹玉佩，鹿身及人的毛发等处饰有长短不齐、粗细不均的短阴线排列，阴线似模糊不清。学界有人认为，这是始自唐代玉器的一种装饰方法。《中国玉器全集·五》图36玉人、图39卧鹿、图41蹲兽的局部，都有这种模糊不清的短阴线排列。

唐代的狮类玉兽大体可分为两类。一类造型源于猫科猛兽，略加变化，何家村出土玉带板所饰狮纹即是；另一类则源于狮子狗，这一类作品造型威而不猛（杨立新先生持此意见）。《中国玉器全集·五》图40、图41所录两件作品应属这类，图40为伏狮，四足伏地，头伏于前肢，狮脑后有几重卷鬣。此作品定为唐代是准确的。图41为卧狮，狮四肢卧地，直颈，似昂首。从狮尾的造型及头部特征判断，此作品应为唐晚期制造。

汉至六朝，龙型图案逐渐成熟，龙与辟邪成为两类完全不同的神异动物。玉器中的这两类动物作品，风格上有很大不同。故宫博物院藏东晋顾恺之洛神赋图中，绘有胸部带有横节纹的神龙，说明横节纹装饰六朝时已出现，但并未出现于异兽。因而个别学者在鉴识玉辟邪时，把带有汉魏遗风且胸部有横节纹装饰的作品定为唐代制造。

唐代的圆雕鸟形作品目前尚难以确定，《故宫博物院藏文物珍品全集》录有一件玉鸭，标为唐代，但很难见到有何唐玉特征。一般来看，唐代的凤鸟纹，颈或长而曲呈"之"字，或短直，头部简练，宽喙，脑后附长翎，翅短而宽，下沿呈弧线形，翅尖向头部方向前翘，翅上有密集细阴线组成的羽，细阴线的间距不均匀，鸟尾成芭蕉状排列，或分三股，中簇长出，同唐代的云头图案、兽尾图案风格一致。《古玉精粹》录有唐代凤鸟纹作品，图60白玉双凤佩，凤之风格与辽代陈国公主墓出土作品在某些方面类似，但这件玉佩的凤鸟胸部有横节纹，双凤间有用绳绦盘成的五瓣结，同前述玉梳图案相同，因而判断此玉佩较陈国公主墓作品制造要早。

❺ 玉器皿

目前已知的唐代玉器皿主要为杯、碗。玉杯以西安何家村出土玉杯最为精致，杯为白玉薄胎，口沿呈八瓣形，杯身有顺向的菱形瓣，杯外浅浮雕蔓草纹。窖藏中同时还出土了一件同样形状的光素水晶杯。河南伊川齐国太夫人墓出土的一件白玉刻花碗，碗为直口，碗内用周线分区，饰网格纹。这两处出土的玉碗向我们展示了唐代玉器的加工工艺及整体水平。尤其是器皿的一般风格及特征，为人们认识唐代玉器提供了依据。《中国玉器全集·五》中确定了五件传世玉杯为唐代作品，这五件玉杯已有很长时期的记载历史，所定时代也曾有过变化，或早，或晚，最后被确定为唐代。确定这些作品制造年代的基本依据是玉材特征，造型、纹饰特点，加工特点。这几件玉杯的造型在已出土的唐代银器、瓷器、玉器中都能找到依据，所饰图案也有明显的唐代风格。椭圆杯一件，饰人物纹，人物身下皆有坐席，杯底小圆足，环足有骨朵形云纹。云柄云纹杯一件，其外饰多层齿沿骨朵云。单柄椭圆杯一件，以其柄部花纹及其排列结构所具唐代风格而定。唐代社会生活及酒文化的发展促进了酒具的发展，玉酒杯的大量使用也是必然的。

（二）常见的唐代玉器纹饰及饰纹作品

唐代器物上的某些花纹非常有特点，一些唐代作品是通过花纹而被人们识别的。

云纹：是用来表现云朵的花纹，在唐代刻碑、金银器、玉器上频繁出现。常见的多为两类。一类为多齿骨朵云，云头似为"凸"字形团状，其后有一条须状云尾，一类云头似"品"字形，其后亦带云尾。前一类云头边沿呈波齿状，后一类云头边沿较光滑，云头中部凸出的部分呈梯形，其上有细密的阴刻线，唐代某些玉雕动物尾部也呈这种样式。

龙纹：唐代带有龙纹的玉饰很多，典型作品为上海博物馆收藏龙纹玉璧。这类龙型一般头细长，上颚长而尖，端部略翘，龙身似蛇身但较短。有学者认为，唐代龙类花纹多为直身少盘旋，但我们从唐代嵌螺钿铜镜（河南陕县出土，见《中国美术全集·八》）所嵌龙纹看，唐代盘身龙纹还是运用得很成熟的。

兽面纹：是古代器物上最常见的装饰纹样，其结构随时代、地域不同而略有变化。目前，明确的唐代兽面纹玉器尚未见确定，仅见西安何家村唐代窖藏器物中有一对玉镯，玉镯开口处嵌有相对的金兽面。这对玉镯向我们提供了唐代兽面纹的典型样式，其兽面形状介于汉代兽面与宋代仿古兽面样式之间，整体呈方形，阔嘴，有排牙，如意形鼻，重眉，眉上有较长的阴线纹。这一兽面纹样式也可在识别唐代玉雕动物时参考。

花、鸟纹：目前见到的唐代玉器及其他工艺品中，以花鸟纹出现为多。齐国太夫人墓出土的作品亦以花鸟纹为多。花叶纹的种类很多，见有牡丹花、多瓣团花、荷、野菊等多种。一些花瓣呈圆形而内凹，一些花瓣边缘饰短密的细阴刻线。花蕊的表示也很有特点。呈桃状，或椭圆形饰网格纹，或为三角形且饰细阴线，还有其他多种表现方法。花叶以大尖叶为多，呈相叠的"人"字形排列，叶中心往往有一个锥形梗，边缘有细密的短阴线。有些花叶似银杏叶而紧密排列，有些大花叶尖部呈旋状。唐代器物上还见有卷草纹装饰，以西安市曲江池玉方盒为代表。这类卷草纹的每一单元都可分为头部及尾部，头部为一大一小两枝，分卷两侧，尾呈"S"形，头部的两枝间往往还饰有花蕊形装饰。唐代的鸟纹在上一小节已有介绍，鸟眼呈三角形，小圆环形、核形等不同形状，翅宽而短。1.翅尖前翘（见齐国太夫人墓出土琥珀饰）；2.翅尖指向身后（见齐国太夫人墓出土玉梳背），翅上有细长的阴刻饰线。鸟尾则如同花叶的排列，其上饰有一种燕雀纹，纹饰图案化很强，正面形，翅上有细密的阴刻线。根据阴刻线的特点，一些学者将其归类于唐代。

螭纹：螭纹是中国玉器中最常见的动物纹，想象成分非常大，历代螭纹造型多有变化。目前唐代遗址中尚未发现螭纹器物出土，但不能断定唐代不用螭纹。故宫博物院藏一件螭纹佩，所雕螭附巨眉，眉上有细密的阴刻线。作品曾被一些学者鉴为唐代，是否准确，尚待考古发掘来印证。

唐代织锦中曾出现犀牛图案。《古玉精英》一书录有白玉犀牛一件，造型特征与唐代织锦犀牛图案相同，标为唐代。

（三）仿制的唐代玉器

唐代玉器的风格影响到了五代及其后，一些宋代玉器，尤其是辽代玉器中仍保留着唐代玉器的某些风格。明代及清代墓葬中往往亦有唐代风格的玉器出土，对于这些玉器，一般研究者往往将其制造年代确定为唐代。如北京师范大学附近发现的清代黑舍里氏墓，就出土有多件明代以前的玉器。

故宫博物院收藏有清宫遗存的几组玉人，每组两件，装于同一匣中。两件作品相似，其中的一件为旧玉，另一件为仿制品，进行了做旧处理。这类成组玉人中就有唐代风格作品。情况表明，清宫制造的仿古玉器中进行了唐代玉器的仿制，但作品数量较少。

仿唐代玉器的大量出现是在近代及其后。较多见的作品为玉带板、玉梳背、玉人、玉兽、饰花朵玉环。见到的仿唐代玉器，主要存在着几个方面的疑点：a.材料的选用。目前见到的唐代玉器主要为白玉作品、少量的白玉带墨玉作品、青玉作品。仿制者使用的材料很杂，绝大多数不用好玉料，尤其玉带板，用的多为杂玉。b.沁色的染色。带有沁色的唐代玉器非常少见。一些学者认为，将好的白玉埋入地下也是很难沁入颜色的，因而对有沁色的唐代风格的玉器要认真分析作品颜色的土中所沁是否为人工染色做旧。c.图案有误。一些作品在造型及局部图案的组织方面失去唐代风格，或刻意模仿，或掺杂想象。一些图案中波状线使用得不合规律，给人模仿不当的感觉。d.光泽。唐代玉器一般都不甚强，个别作品略好，但也达不到战国、汉代玉器表面的玻璃光的光亮程度。对于表面光泽很强的唐代玉器，需加以注意。

十二、宋代玉器及仿制的宋代风格玉器

宋代文人笔记及有关史书中，已有大量使用玉器的记载。从文献中可以看出，宋代的玉器制造业已非常成熟，玉器的品种非常丰富，图131 宫廷用玉及市民生活用玉都已非常发达。据判断，宋代某些局部地区的玉器使用，除葬玉外，不会小于汉代局部地区的规模。

由于考古发掘的宋代大型墓葬甚少，且宋代入葬形式同汉以前有很大变化，因而考古发掘到的宋代玉器数量不十分多，已知的出土较为集中的几批宋代玉器情况如下：北京房山石樟墓出土玉器，藏于首都博物馆，主要为镂雕玉佩饰、头饰，有较高的艺术水平；浙江衢州南宋史绳祖

图131 宋 八仙花玉饰

137

墓出土的玉器，主要作品有笔山、玉印、荷叶杯、玉兔莲花瓶及小玉件；安徽休宁朱晞颜墓出土的玉器皿，其中以青玉兽面卣最具代表性；四川广汉窖藏宋代玉器，藏广汉市文化馆，出土时存于一盒内，现盒已无，玉器以小玉件为主。另外，还有许多零星出土的宋代玉器组作品。整体上看，考古发现的宋代玉器已有一定的数量，通过对这些玉器的研究，宋代玉器的很多方面已被人们认识；但由于材料的局限性，对宋代玉器整体面貌的认识仍需进一步探索。

（一）宋代玉器概况

❶ 璧、圭、琮等诸礼器

史书中多有宋代使用璧、圭、琮等礼器的记载。《宋史·礼一》："庆历三年，礼官余靖言……乃定：祈谷明堂苍璧尺二寸，感生帝四圭有邸，朝日曰圭，朝月曰圭，皆五寸。"《礼四·明堂》"帝谓前代礼有祭玉、燔玉，今独有燔玉，命择良玉为琮璧，皇帝祗黄琮……"另外《礼一》《礼四》中还记载了吉礼中使用玉斝、玉瓒、玉爵的情况。但是宋代使用的这些礼器的实物，文物考古学者目前尚未将其确定。1969年河北定州静志寺塔基地宫出土了一件玉素杯，似璧。故宫博物院藏有一件小璧，其上饰垂云纹及兽面皆宋代特征，但两件作品尺寸颇小，用玉亦不佳，与"苍璧尺二寸"、"命择良玉为琮璧"皆不符。

宋人聂崇义《三礼图》中绘制了多种玉圭，无疑为我们认识宋代玉圭提供了参考，但人们终未能在传世或出土玉圭中确定何为宋代作品。

玉琮的情况更为复杂。汉碑中所绘玉琮似片状。《三礼图》绘多种玉琮，其形皆片状。由此推断，宋人使用玉琮或为与璧相对应的片状玉。但宋龙泉窑烧制有仿良渚文化琮的琮式瓷瓶，瓷窑既能仿制，玉坊仿制亦应可能。

❷ 带饰

带饰为革带上面的玉饰件，大致有带板、带钩、带扣、带环等几种。

带板：或称带銙，主要见于江西上饶赵仲湮墓出土（《中国玉器全集·五·图

69》），出土八块，玉饰背面刻有序号，其中一件序号为十，浮雕人物纹，七人呈坐姿，细长阴线衣纹，细阴线五官。故宫博物院存有六片宋代玉带板，其中两片经火，另四片嵌于木笔筒上（见《故宫博物院藏文物珍品全集·玉器》）。浮雕人物图案，人呈坐姿，图案风格与江西出土的带板风格一致。另广汉窖藏玉器中有荷叶带饰一，长方形，圆角，厚度约1厘米，长5.6厘米，宽3厘米，整体形似荷叶，正面雕荷叶纹，中部凸雕一龟，背面雕荷叶叶脉，浅雕荷梗，有四处象鼻式小孔，可缝缀，带饰侧面为竖刻阴线，接连正面及背面的阴线纹。这一类型的白玉带饰，故宫博物院藏有两件，尺寸略有不同。

带钩：宋代玉带钩，考古发掘报告中偶见有报道。元人朱德润《古玉图》列带钩六件，其中有不似古钩者，应为宋物。宋代带钩主要有两类，一类钩身薄而宽，似片，钩头亦似片，以台湾故宫博物院收藏的螭纹带钩为代表；另一类钩身窄而厚，钩头往往为鹿头型或其他动物的头型。

宋代带钩的使用方式，目前尚不十分明了。一般单个带钩的使用，可以一根绦绳，一端系钩纽，另一端有套，套于钩首。无锡钱裕墓出土玉带钩及环饰（无锡博物馆徐琳先生考其为"钩鞢"）表明带钩与环形饰配套使用，有钩合关系。这一钩饰方法亦可能源于宋代。广汉窖藏玉器中有一件鹿首素身带钩，还有一件桃形螭纹玉带饰，片状，中部有孔，一面凸起一方框形纽，这件带饰使用时，纽上可系绳带，但绳带的另一端不易扣于玉饰上，因而这件带饰是同带钩或其他样式的玉件配合使用的。

传世玉器中有一批玉带饰，方形或圆形，厚片，两侧间有通孔，革带可以穿过，带饰下端有可挂饰物的环。这类玉件，有先生认为即是《遵生八笺》中所言"提携"，《中国玉器全集·七》把这类器物定名为"带环"。其名称还有待于取得共识。这一带饰在明、清玉器中很多。其中一些作品在造型、图案、加工技巧上有很明显的宋、辽、金玉器风格，因而被定为这一时期作品。

❸ 玉雕动物

考古发现的宋、辽、金时期的玉雕动物作品数量不多，但可以看出，存在着相互间的影响和交流，一些作品在风格上趋于一致。1978年内蒙巴林右旗白音汉出土白玉兽一件，其兽团身，短尾而长鬃，作品受宋代琢玉技术影响，在许多方面表现出宋、辽时期玉器的特征：兽尾饰短阴线，鬃鬣上有细而长的等距阴线纹，兽眼以极小的凹坑表示，兽腿与身上之间以弧形凹槽界开。这些特点在其他一些宋、辽玉器上也能见到（《中国玉器全集·五·图143》）。浙江衢州史绳祖墓出土了一件玉兔（《中国玉器全集·五·图118》），作品除造型特征外，局部表现方法上也有明显的宋玉特征：1.兽头与兽身之间用阴刻线界开，且仅有颈部一半。2.兽腿及兽身的细密短阴线装饰。3.四肢与兽身间以较深的弧线槽界出。《古玉精粹》据宋代玉动物造型特点及装饰方式列出宋代玉雕动物多件，其特征也十分明显。另外，元人著《古玉图》列辟邪两件，其兽脑后有细长飘发，腿部似有火云形装饰，作品不类汉唐器物，又非元代当代作品，应归于宋代制造，其玉兽特征也应为宋代玉兽特征。

近数十年，宋、辽、金时代玉鱼的识别引起了学界的注意。辽陈国公主墓出土的一组玉饰中有两件玉鱼（《中国玉器全集·五·图132》）。黑龙江省绥滨县及西安潭家乡出土了金代玉鱼（《中国玉器全集·五·图153、图154》）。定州静志寺塔基出土了北宋水晶鱼（《中国玉器全集·五·图125》）。另外还有一些出土作品。通过对这些作品的分析，我们看到这一时期的玉鱼大致有如下特点：1.眼部为环形圈。2.鱼鳞为网格状阴线，间距或有不均。3.鳃与鱼身间以阴刻短线断开，阴线在身体的中下部，不通到顶部。4.鱼身近尾处变细，尾分两叶，一叶略大，分向两侧。

依据上述宋、辽、金玉鱼、玉动物的特点，人们确定了几类玉鱼为这一时代，并在一定范围内取得了共识。无鳞长身玉鱼，似为江苏一带的刀鱼，但无鳞，身细长，圆坑形眼，鳃后有一段短阴刻弧线，尾分为两叶；无鳞短身玉鱼，似鳜鱼，有的似海鲨，尾或为扇状，或分为两叶；衔莲鱼，鱼口衔莲叶，鱼身或有鳞或无鳞；有鳞扇尾鱼，鱼尾似扇，有细长的阴刻线。

宋、辽、金玉鱼作品是有区别的，但目前材料有限，不易做过细的划分。辽陈国公主墓出土玉鱼，外轮廓线有较多的短直线，而宋代玉鱼外轮廓线中弧线使用确很灵活。

宋代玉器中有较多的玉鸟。一些作品非常有特色，有明显的时代风格。笔者于浙江省博物馆见到一件杭州文三街南宋墓出土蜓鸟纹玉佩，鸟似绶带鸟，小头，两翅张开，一翅平伸，另一翅似下折，翅上有细阴线表示羽，翅中部有一道阴刻横线。鸟回首，身侧有一蜻蜓。这一类型的鸟形玉佩北方地区也有出土，传世玉器中也有作品，是一种使有地域广泛、流行时间较长的题材。在表现手法上，鸟眼有圆坑形，或阴线三角形，翅则以一折翅、一伸翅最常见。

雁是宋代玉器中常见的题材。广汉窖藏玉器中有一件雁形玉饰，其雁细颈，昂首，展翅，翅略向背上方伸展，翅上有前后两排阴线纹表示羽，其间有一道横向的阴线，作品长3厘米，高2厘米。河北定州静志寺塔基出土一北宋玉铊尾（《中国玉器全集·五》），陕西长安县韦曲出土一白玉雁纹饰（《中国玉器全集·五·图68》），两件作品一雁粗颈，一雁细颈，皆阴刻环形眼，阴线为羽。后一件作品，雁翅上中部以排列的"〈〈"形纹为羽。

宋代的孔雀类玉饰，以北京房山石椁墓出土孔雀型头钗最具典型（《中国玉器全集·五·图99》）。这类孔雀题材作品以阴刻小坑为雀眼。尾翎仅数枝，其上多以半月形坑洞配以边沿的细阴线表示孔洞。翅上以细阴线为羽。

宋代还有一些鹤类、鹦鹉类题材的玉器作品，作品多具一般宋代鸟类玉器的特征，表现在整体造型，头、喙、眼的表现，翅型、羽型、身侧的细阴线装饰等各方面，相伴的云纹、花朵、卷草等亦应有宋代造型特征。

❹ 螭纹、云纹、花卉纹玉器

螭纹是中国玉器的传统纹饰，使用范围广泛，目前考古发现的宋代玉器中螭纹作品非常罕见。西安东郊田家村出土有一件宋代螭龙穿花带饰（《中国玉器全集·五·图129》），四川广汉窖藏玉器中有两件螭纹玉饰，使我们对宋代的螭纹特征有了较明确的认识：宋代工艺品上的螭纹，头部或窄长，或横宽，眼、鼻、嘴集中于头的前部，嘴部前探，耳或为前折形或为圆瓶形，耳部多有螺旋形阴刻线，颈细长，脑后有角或似角的一缕长发，肩肘部或臀部有阴线旋纹。

从上述器物中我们可以看到，宋代玉器上的装饰云纹大约有三种主要样式。第一种，带"$\int$"形云尾的云，是经唐代云纹演变而来，但云头略有变化，或呈有齿的团状，或为卷向两侧的旋状；第二种，灵芝式云，整体近似腰圆形，边沿或有齿；第三种，如意形垂云，云头似如意，多个组成图案，无云尾。

目前，考古发掘已出土了多种以花卉为装饰的玉器。常见的有荷、牡丹、八仙花、五瓣的团花、竹、蔓草，传世作品中还有百合、樱桃等类作品，在造型手法及局部特征方面发现了多种艺术风格。作品大致可分为浑厚类及精巧类两种风格，一些作品介于其中。所谓浑厚，即作品所用玉料较厚，大花，大叶，较少层次变化。精巧类作品则以精镂细雕见长，花枝、花梗相互叠压，分出层次。另外，在具体的造型及雕琢上，不同玉器也有不同的特征，一般来看，八仙花及小团花的圆形瓣往往呈球形凹面，百合等较大的花瓣则往往向上翻凸。荷叶则有几个常见的模式，其上有扇股或伞股样的叶脉，叶脉端部分杈，一般的花叶都较大，布局紧凑，叶片似打开的书页中部凹下，两侧微隆，其上饰细长的、排列有序的阴线。

❺ 龙纹、兽面纹、仿古玉器

宋代器物上较为广泛地使用了龙纹，玉器上也如此。考古发掘中是否有饰龙纹的玉器目前尚未明确。依据宋代龙纹的一般特点，人们确定了一批带有龙纹的玉器。这类玉器上的龙纹头部长而窄，上唇较长，眼形细长，有飘发，龙身鳞纹多呈网格状，龙尾近似于蛇尾。

带有兽面纹的玉器，目前已出土了多件。四川广元出土了一件兽面纹玉片，兽面以阴刻线勾出，线条简练，圆眼，横眉，鼻为两端下卷的钩云形。安徽肥西宋墓出土一件宋代玉匜，其柄上端饰浅浮雕的兽面纹。安徽朱晞颜墓出土有兽面纹卣，其上亦饰较为简练的线条组成的兽面纹。另外，带有兽面纹的宋代石刻、瓦当等目前多有发现，使我们对宋代兽面纹的特征能有一个大致的认识。

朱晞颜墓出土玉卣两侧装饰有夔龙纹，使我们得以肯定宋代夔龙纹在玉器上的运用。所谓夔龙纹是一种头部似龙又似兽的动物型纹样，在明清玉器中出现的频率非常高，是龙纹的一种更普遍更一般的表现形式，其身往往演变为带状的、几何的表现。朱晞颜墓夔龙身亦呈带状。

明代文物研究者注意到了宋代仿古玉问题。明代人高濂著《遵生八笺·燕闲清赏笺》："碾法之工，宋代亦当俯首，其制人物、螭、玦、钩、环并殉葬等物，古雅不烦……若宋人则刻意模拟，力求形象徒胜汉人之简，不工汉人之难，而双钩细碾书法，卧蚕则迥别矣。""近日吴中工巧模拟汉宋螭、玦、钩、环。"高濂认为宋人进行了汉代玉器的模仿，所选多为汉代玉器的简练者而不仿难度太大的作品，尤其是双钩、细碾、卧蚕等纹样的作品。目前考古发现的宋代螭纹作品非常少，且与汉螭纹相距甚远，但是依据高濂了解到的情况及所记吴中工巧模拟汉宋，则宋代应制造了一定数量的仿汉玉器，这些玉器中又有一定数量的螭纹玉。且元人朱德润

《古玉图》中所绘汉"双螭钩"、"双螭璲"等玉器上的螭纹即为现今我们所指的螭纹，因而高濂所言之螭也不会是另指他物。

另外，我们还可以看到《古玉图》所录器物并非皆汉代之前之器，其中不乏唐、宋玉器。如所谓"双螭璲"，所雕之螭头上有很长的披发，作品应属宋代的仿古玉器。根据少量的出土玉器、明人的记述，对《古玉图》所录作品的分析及宋代文人笔记所记宋代玉器情况，可以得出宋代进行了仿古玉制造的结论。且宋代仿古玉的纹样以兽面纹、螭纹、夔纹为主体，所仿玉器以器皿、剑饰、人、物、螭、玦、钩、环为主。其特点应包括"徒胜汉人之简，不工汉人之难"，也就是说，仿汉玉风格而无汉玉的制造功力。所谓"双钩细碾书法，卧蚕则迥别矣"，意即在双钩细碾玉器上的书法行文、卧蚕纹方面不同于上述风格。会有制造更精的意思。"卧蚕"是指古玉器上的紧密的装饰纹，古人理解不同，元人朱德润《古玉图》释卧蚕纹为钩云形，《古玉图谱》将涡状谷纹图案释为"卧蚕纹"，《古玉图谱》虽题为宋人龙大渊著，但不可信，因而权且按《古玉图》理解明人所言宋代的卧蚕纹仿古作品。

❻ 人物

人物是玉器的传统题材，其中一些是神祇类。商、周以后，用于佩挂的作品逐渐增多，唐、宋及其后，这一趋势并未改变。

由于考古发掘材料的稀少，宋、辽、金、元玉雕人物的研究还不能深入到令人满意的程度，但依现有资料，学界已明确了很大一部分人物题材的玉雕作品。

飞天：学界已确定了部分唐代玉飞天。考古发掘到了多件辽代玉飞天（见《中国玉器全集·五·图133、图134》）。辽宁朝阳北塔天宫窖藏辽代玉飞天两件，东北地区还发现有金代飞天题材作品。相比较而言，唐代的玉飞天，头饰、衣饰、身下的饰云皆有自身特点，与后来的作品有所不同。上身呈正面状，两臂展开，身体呈"S"形，胸部呈向后的折点，腹部略下凸。北塔天宫窖藏辽代飞天，腹部朝上，身似躺于地，上身为向左前方的侧身，两臂收于胸前，其他几件辽、金作品身形亦如此。唐代作品的确定及辽、金作品的考古发现，表明了宋代玉飞天流行的现实性，但宋代玉飞天的确定，尚需比照已确定的唐代作品及考古发现的辽、金作品加以研究。

童子：童子类题材玉器唐代已经出现，但仅见文献讲述，实物尚难确定。从文献看，宋代童子类题材玉器已很普遍。这点在考古发现中亦有呼应。前述的四川广汉窖藏宋代玉器中，有几件执荷叶童子，其中一件执荷叶双童，高4.1厘米，宽3.1厘米，雕双立童，穿小马甲及粗筒裤，人头短而宽，阴线开脸，头顶缨状额发。作品应为典型的宋代童子形象，黑龙江省绥滨县中兴公社出土的一件金代玉雕童子，头戴沿帽，手执蕉叶，身穿短衣肥裤，具体风格与宋代童子有很多一致之处。这类作品一直影响到元、明时期。从已发现的宋、金、元时期玉童子作品看，作品有一些共同的特点：A.头型短而宽，以表现年幼，开脸以阴线为主，略有凸凹变化；B.短脖，颈部以粗而略呈一面坡的弧形阴线界出；C.四肢呈筒状。上肢衣袖细窄，下肢衣袖肥大；D.几乎无衣褶，仅臂弯及腿弯处有几道阴线，手似半握拳，似有镯。

袍衣人物：西安市徐家寨出土有青玉袍衣坐人，人脸长而窄，衣褶由几道略呈弧形的短阴线表示。传世品中有一组镂雕玉饰，如故宫博物院藏松下仙女饰件（见《中国玉器全集·五·图119、图127》），据工艺、造型、玉材特点，被确认为宋代作品。

（二）仿制的宋代风格玉器

明人高濂《遵生八笺》记"近日吴中工巧模拟汉宋螭玦、钩环"。也就是说在明代，人们已经进行了宋代仿古玉的仿制，主要为螭纹玉环、钩类玉。这一现象使得现今人们分辨宋、明之物已有困难。

仿宋代玉器的大量制造主要在现代，目前在市流传的主要有下列几种。

1. **仿宋代风格的玉童子**：童子玉器在唐代就已出现，宋代数量日增。四川广汉宋窖藏玉器四川华莹南宋安丙家族墓都出土有玉童子。此一题材玉器延续到了明、清时期，其间作品风格多有变化。当今的作品或仿宋代风格，或仿明清代风格，种类很多。目前见到的宋代作品使用白玉和青玉两种料，工艺简单，求神而不求工精，且不为目前的买家所认，当今的市场价格并不高。由于玉料较好，因而沁色很少，若有沁色，亦如锦上添花，作品更显光亮。因其价位偏低，当今的仿制者多不肯用好料制造，所见仿制品少有白玉，用青玉者亦非高档青玉料。作品为次玉或次玉染色，所制伪古色，色泽僵死而无活性。再加上造型与局部图案方面的差别，多数作品是易识别的。

2．**仿宋代风格的透雕作品**：宋代的镂雕及透雕作品包括有立体及平面雕两种。近几年，随着对宋代玉器研究的深入开展，各种出版物中公布了许多典型风格的透雕作品。仿制的作品多见于两类，一类为照原物的仿制，如炉顶、炉组类玉件，透雕的松下仙女类玉片饰，这类仿制品多有雕制不精的缺点，工艺与原物不同；另一类为照原物风格另行设计，图案的细部组织与宋代作品的风格往往不同，繁简的安排亦有不当，与宋代作品相比，风格走了调。

3．**仿宋代风格的玉鱼**：玉鱼为常见的玉件，多为挂件。宋、元时期的玉鱼有其独特风格，古朴不俗，与真实的鱼有较大的区别。随着近年宋、辽、金、元玉鱼考古发现的增多，仿制的作品也较多地出现，主要品种有玉制鳜鱼及仿陈国公主墓出土的长身有鳞鱼。由于这类作品造型简单，一般有身直、尾活、网状鳞的特点，仿制起来比较容易。辨别新旧时要依据玉材、玉色、细部观察表现进行判断。

4．**仿宋代风格的玉剑饰**：考古发现的宋、元时期的玉剑饰主要为剑格、剑珌、剑璏，有螭纹、兽面纹、钩云纹作品。同明代作品相比，宋代作品较精致，用玉也较好，造型自有特点，如椭圆、方片状剑格，两腰呈直线的剑珌，与战国—汉代作品不同。现代的一些仿古剑饰，依宋、元作品样式而制，但往往出现图案走形等情况，须加以注意。

十三、辽、金、元代玉器及仿制的辽、金、元代玉器

辽、金、元是我国北方民族建立的政权，时间略有前后，其经济处于农业经济与游牧经济共存的状态，文化上有我国传统文化特征及北方民族文化特征，同时也有中亚文化的影响。近一段时间，辽、金、元遗址的考古发现不断深入，且发现了一定数量的玉器，发现表明辽、金、元时期，存在着相当成熟的制玉业，存在着崇拜及使用玉器的时俗，制玉工艺达到了一定的水平。

（一）辽代玉器

图132 辽 成组玉挂饰

辽代玉器的考古发现主要有内蒙古昭乌达盟巴林右旗窖藏玉器，主要品种有玛瑙杯、白玉兽（见《文物》1980年5期）；内蒙古解放营子辽墓玉器，主要有玉带饰、琥珀饰、玉飞天（见《考古》1979年4期）；内蒙古昭盟宁城县辽墓出土玉带饰、玉竹节（见《文物》1961年9期）；内蒙古哲里木盟辽陈国公主墓出土玉挂饰、 **图 132** 龙纹玉饰；辽宁省朝阳北塔天宫窖藏玉饰、水晶、玛瑙饰件（见《文物》1992年7

期）。这些作品中不能排除存有唐代或宋人制造的玉器及类似玉器的玛瑙、水晶制品，但主体应为辽代制造。观其作品，多属加工精致、设计巧妙之作，用玉多系白玉。由于玉材的缺乏，作品多为小玉件。辽代玉器情况大致如下。

飞天：前述宋代玉器时已提到，目前考古发现的玉飞天，图 133 主要为辽代作品，数量已不算少。同唐代玉飞天相比较，辽代作品多腹部朝上、臀部朝下而向作品外缘凸出，胸部扭成向左的侧身。这一点在喀左及翁牛特旗发现的两件作品中更为明确，这两件飞天身体中部朝上的部位有明显的脐穴。

鸟类题材作品：阜新清河门出土鸟形玉盒一件（见《中国玉器全集·五·图141》），为一锥形作品，依玉材之势雕成卧鸟。朝阳北塔天宫藏玉中有这类锥形作品不下三件，其中一件为孔雀，余或为雁，或为鹅（爪趾似蹼状）。又有展翅而飞的雁纹玉牌饰。陈国公主墓出土挂饰中有一件双孔雀。作品中的鸟多为长颈，喙部表现较明显，或呈

图133 辽 玉飞天

锥形，眼部用阴线界出，翅羽上有横线，多数翅羽分为上、中、下三组，用排列较密的细阴线表示羽毛。

动物题材作品：内蒙巴林右旗出土了一件白玉卧兽，朝阳北塔天宫藏品中有不低于15件的水晶制肢体动物，其制造方式与加工特点与玉制品是一致的。另外还有一些学者将带有柞树群鹿图案的某些玉器也归于辽代制作（《古玉精英》图116、图117），这一点似无争议。通过对这近20件作品的分析，我们能大致看到一些情况：A.作品中有很多为卧式，进行造型设计时往往依据材料形状，不进行较大的去舍，腹部或有剔雕；B.头、眼、尾部表现简练，有一些特定的手法；C.头与颈的界断，肢与身体的界断处往往出现较粗的阴刻弧线。

玉鱼：陈国公主墓出土玉件中有衔草玉鱼两组，边线多有直线性组合，边缘往往呈锯齿状。辽宁朝阳北塔天宫藏品中有水晶鱼多件（至少五件），或无鳞，外轮廓呈弧线状，与陈国公主墓作品不同。以上鱼类作品，尾部皆为两扇，略向上下歧出。

龙形玉饰：朝阳北塔天宫藏物中有一白玉镂雕云形饰件，片状，龙为蹲坐式，身体不相接处镂雕，龙身鳞纹为网格状。陈国公主墓出土白玉组佩挂件上有两件玉鱼龙，作品为龙头、鸟翅、鱼身、鱼尾，龙口衔珠。

花、叶题材玉饰：辽宁阜新清河门出土镂雕牡丹花形片饰（见《中国玉器全集·五·图144》），浑厚而圆润，外轮廓简练，其上以短阴线界出花叶各部位。类似的作品广汉窖藏宋代玉器中亦有，是较为流行的时代风格。另外，一些辽代作品上有卷草纹、荷瓣纹、蝴蝶纹等装饰，风格与宋代作品很接近。

辽代玉器中已有较多的镂雕作品，但镂法简练，未见有花枝叠压、多层镂雕的作品。镂雕方式有钻孔镂雕、铊片镂雕或有线镂工艺。

北塔天宫藏物中有较多件素璧，较薄，不易断定制造时代，但不论其制于何时，都表明辽人对玉璧的重视。

（二）金代玉器

《金史》记述了金人的一些用玉情况，表明金人用玉具有一定规模，且有严格的用玉制度，如《金史·礼·二》记"皇帝祇玉以黄琮，神州地祇玉以两圭有邸"，"朝曰玉用青璧，夕月用白璧"。《金史·车服·中》记"革带，大带玉具剑，……间施三玉环……白玉双佩革带玉钩䚢"，"冕制……玉簪一顶，方二寸，导长一尺二寸，簪顶刻镂半云龙"，"衮……绶头上间施三玉环，皆刻云龙，……玉佩二、白玉、上中下璜各一，半月各二，皆刻云龙。玉滴子各二……钉凉带一……上有玉鹅七……"。类似的记述还有很多。这些记述有助于我们对于金人用玉进行总体上的估量。

考古发现中尚不见大规模的金代玉器，零星发现散见于我国北方地区。黑龙江绥滨县奥里米古城发现金代玉双鹿牌饰、玉嘎拉唔、玉花蕾形饰（见《文物》1977

年4期）；黑龙江省绥滨县中兴公社出土金代玉童、玉鱼；北京丰台王佐乡金代乌古伦墓出土龟荷玉佩、绶带鸟伏花玉佩；吉林扶余县出土金代玉革带，都是具有代表性的金代玉器作品。

从纹饰、题材方面看，能够确定的金代玉器有鹿纹、花鸟纹、龟荷纹、雁鹤纹玉器及玉鱼、玉人、玉带饰等。《金史》所言圭、璧、琮等诸礼器尚难确定，已确定的玉器中有一些具有北方民族浓厚的生活气息，如"春水"玉、"秋山"玉，有一些则同宋代玉器有很多相似之处。

（三）元代玉器

考古发现的元代玉器数量不多，仅西安、上海、无锡、安徽、苏州等地有少量器物出土，但传世玉器中确有一定数量的元代玉器。

图134　元　海东青啄雁纹玉带环

考古发现所提供的材料，尚不能完全将元代玉器同宋、辽、金玉器，明代玉器划分清晰。兼之玉器风格延续性长，各时代、各地区间的玉器制造又相互影响，所以元代玉器的已知面貌呈现出较为复杂的状态。一些作品与宋代玉器相类似，一些作品与明代玉器相混淆，一些作品有较为独立的风格。**图 134、135**

图135　元　玉鱼

元代玉器的重要品种如下。

1．玉押

安徽范文虎墓出土虎钮玉押1件，《古玉图考》列玉押10件，多为元代。黄浚《古玉图录初集》录玉押6件，多为元代作品。元代玉押实物，故宫博物院及其他收藏单位亦有多件，所见作品多为白玉。《古玉图考》所列10件中，一件为青玉，一件为青白玉，其余则为"白玉水银沁"。"白玉水银沁曾经地火"、"白玉璀斑"、"白玉黑文"。押纽样式有龙、虎、辟邪、瓦等形状。

2．带饰

目前发现的元代玉带饰种类很多，但多为传世品。考古发现的有带钩、绦环及带板。带钩与绦环出土于无锡钱裕墓，原为一套绦带两端各系钩、环，使用时钩与环扣合。类似的组合玉器在宋代就已出现，在文献中的标名现在尚不能最终确定。传世玉器中类似的作品很多。这一类带钩呈扁宽形，钩腹微隆，有较浅的凸雕纹饰，钩颈较薄，钩头呈片状。钱裕墓带钩的纽为"口"形，中空。有些传世品纽呈凸起的脐形。绦环为较大的椭圆形（见《中国玉器全集·五·图197》），外缘呈环状，其内镂雕图案，图案为上下几个层次相叠压。"春水"题材，雕荷叶、荷花、鹘、鹅、茨菰及河水。传世玉器中有很多类似的环托作品，图案题材也多种多样。一些单层作品为明代制造，一些仅有简练的、雕琢精致且立体感强的鹘题材作品，学界认为近代制造。

考古发现的元代玉带板出自苏州张士诚父墓。一套25块，形状不一，有的背面有小孔，缝于革带上，有的侧面为"口"形，套于革带上。从这里我们可以知道，这种可以令革带穿过，套于革带上的玉带饰，主要流行于宋元时期。

传世玉器中常见一种近似于合页形的连环带饰。多为两个方板形玉件，表面凸雕图案，以套环或其他方式相接，背面有纽，可套革带（见《中国玉器全集·五·图171》）。这类玉饰流行的时间很长。有些为清代作品。从纹饰、加工特点上看，早期的作品应为元代制造。

《中国玉器全集·五》图169收录西安出土的元代龙首带钩，钩头为立体的龙首，钩腹蟠螭，钩身为扁而薄的琵琶形，背面钩形纽，为元代龙首带钩的代表作品。传世玉器中有较多的这类元代带钩，有的很大。

3．炉顶、帽顶、玉坠

金人与元人皆有于帽顶加饰件的习俗。宋人有佩戴坠饰的风气，作品多以玉为之。至明、清，世人取宋、元玉帽顶及坠饰，嵌于炉盖、瓶盖上为纽，称为炉顶。清代宫廷遗存中有众多镂雕作品，其上有记事黄纸条，称作品为炉顶。这类器物以宋、元作品为多，又有明、清时作品。仅就元代作品而言，大致可分为镂雕、立体圆雕、浮雕三类。

上海地区元代任氏墓出土有一件镂雕荷叶鹭鸶帽顶。作品下部略平，整体呈馒头状，镂雕荷叶、水草、鹭鸶图案。这件作品的出土，证明这类镂雕器物的制造年代，最晚不迟于元代。从清宫遗玉中可以看到，同样制造风格的作品不仅数量多，且题材广泛。所雕内容，除荷叶、鹭鸶外，尚有龙穿牡丹、鹘捉天鹅、松（树）灵（芝）人物、山林群鹿、五禽秋葵、鹤鹿仙人、龟伏荷叶等。

现存清代使用的旧玉炉顶中，有很多属立体造型，有动物、山石等各类题材。从玉器的特点上看，元代作品占有一定的数量。这类炉顶中有一批鸳鸯卧莲作品，雕一鸳鸯衔花枝，卧于一个反扣的荷叶上。荷叶的下部有象鼻式穿孔，明显的是从下面缝缀于衣帽上的。鸳鸯头较大，颈部细，似细颈的蘑菇头，翅及花、叶的雕琢都有宋元玉器风格。福建地区的宋墓中曾出土过类似的非玉雕塑品，辽宁朝阳北塔天宫发现的水晶动物中也有这种类似蘑菇头的雕制方式，因而这类鸳鸯卧莲类立体造型玉器，多为金、元代玉帽顶。江西南昌明墓中出土有这类作品，较之金、元作品显得粗糙，可能制造年代略晚。

浮雕图案作品主要见于双螭衔灵芝图案，在元代及明初工艺品中使用得较为广泛，玉器中出现这类题材也是很自然的。

4．龙纹玉、螭纹玉、狮纹玉

元代制造了很多带有龙纹的作品，作品上的龙纹也有较明显的特征。传世玉器中，很多作品上的龙纹带有这些特征。依据这些特征，综合其他方面的特点，学界确定了一批元代龙纹玉器。这些器物上的龙纹大致有如下特征：龙身细长，似蛇，尖尾，素身或有网状鳞，颈细长，与头之间似有断阶，脑后长飘发，上唇或长而前伸，或回卷呈团状，足略大，或三趾或四趾，或伸开或似拳，近爪处足有横节纹，肘后有旋形饰及成绺的长毛。一些作品还伴有灵芝式云。

安徽范文虎墓出土了一件小玉卣（见《中国玉器全集·五》），两侧贯耳，盖面浅浮雕一螭。依据此器螭纹特点，人们确定了一批元代的螭纹玉器。整体上看，元代螭纹更接近爬行类小动物，不威武，无凶相，头细长，颈细长，眼无神，与鼻、嘴集中于头前部，"人"字形肩脊线两侧有"二"字形软肋，耳或为旋形，或为带有凹坑的饼状。已确定的元代螭纹玉器包含有双螭纹璧、双螭纹臂格、双螭纹帽顶、螭腹龙首带钩、螭纹带扣等器物。

故宫东华门内断虹桥建于元代宫廷中轴线上，是元代所建。桥两侧有栏板和望柱，望柱顶部雕狮。这些石雕狮子向人们提供了元代狮子造型图案的典型式样。这些图案具有粗颈、小头、小脸、鬣长而且卷成排列有序的小旋涡等特点，且狮尾长而分歧。故宫博物院藏有数件这类子母狮作品，除上述特征外，作品中的大狮为圆脸，卷毛鬣，尾三歧，中歧长而上冲；小狮往往五官前凸，鬣发似披巾，其上排列有细长的阴刻线。

5．春水玉、秋山玉

《金史·卷四十三·志第二十四·车服中》："其从春水之服则多鹘捕鹅，杂花卉之饰，其从秋山之服则以熊鹿山林为文"，"束带曰吐鹘……吐鹘玉为上，金次之，……铐周鞓，小者间置于前，大者施于后，左右有双铊尾，纳方束中其刻琢多如春水秋山之饰。"从这一记述中我们知道金人所用"春水"、"秋山"之服及装饰图案，又知道金人把这种图案装饰于玉及其他质地的束带。学界据此把带有鹘捕鹅图案或荷叶、大雁组合图案的玉器称为"春水"玉，把带有山林、动物图案的玉器称为"秋山"玉。

如果检索文献，还可以看到这类"春水"、"秋山"所反映的生活，曾普遍地存在于我国北方民族，在辽与金、元时共存。无锡元钱裕墓出土有"春水"图案玉带饰，足以说明这一点。

考古发掘中尚未见金代的"春水"玉，但所谓"杂花卉之饰"的风格是明确的。在北京丰台金代乌古伦墓出土的玉器上有明确的反映。无锡钱裕墓出土"春水"玉饰同其比较，花卉装饰较多，层次及花卉结构更为复杂。目前能见到的金、元"春水"玉，图案主要由二或三部分组成。第一部分为鹅，其势若向下飞行，翅羽较直，凸凹明显，分为横向排列的两组或三组，作品中个别羽或呈弧状，鹅身有不匀的短阴刻线排列。第二部分为鹘，似擒鹅，相比较元代作品似乎翅更大，尾略小。第三部分为相伴的荷叶、水草图案，叶大而简练，叶面呈下凹状。

黑龙江省绥滨县出土的金代玉双鹿牌饰反映了"秋山"玉的某些特点。据此特征，可以确定一批山、林、鹿、虎图案玉器为金、元时代制造。作品中的山多为底衬，表面往往呈深浅、大小不一的圆坑状。树则为阔叶树，叶面有细长的阴刻线叶脉。动物以虎、鹿最为常见。所见虎纹都较平面化，或身侧为一面，或背部为一平面，且利用玉皮颜色，略显褐、黑。

6．器皿

范文虎墓出土的元代贯耳瓶，略具仿古风格。无锡钱裕墓出土的桃式杯，同宋代银器中的桃式杯风格一致。元代玉器皿的制造同宋代玉器皿的制造一脉相承。依据造型及加工特点，还可以判定一批元代的玉器皿。事实上，玉器皿的制造在宋、元、明、清玉器中占有非常重要的位置。有很多宋、元时期的作品流传于世，被人们当做明、清作品收藏。

（四）仿制的辽、金、元代玉器

辽、金、元玉器中的一些品种或图案流传到了清代，造型及花纹发生了变化，与最初的作品有很大的区别，识别起来并不困难。近现代的玉器中有较多的仿辽、金、元风格的玉器。

常见作品有如下几类。

"春水"图案玉器："春水"图案玉器流行于金、元两代，仿制的作品多见于片状玉。一般来看，金、元时代的作品图案简练而有层次感，所留出的空间较小，动物的动感较强。已见到的仿制作品，构图一般较疏朗，图案细碎，无时代感。

雄鹿图案玉器：金、元时期的雄鹿或双鹿图案玉器，是当代玉器制造者的主要仿制对象。仿制者中有能抓住原作特点的，很像金、元时期的作品。不足之处在于玉材的选用，尤其是玉皮颜色的运用、树形的表现、鹿的肌肉、颈部及腿部的表现方法不够，给人神韵不足的感觉。

玉飞天：考古发现的辽、金玉飞天至少已有6件以上。一些研究者将传世与出土的唐、宋、辽玉飞天进行排列，认为身体弯度愈大，弯折点愈向下，制造时代愈晚。早期玉飞天在胸部弯折，但胸部弯折的亦有辽代作品。其实在考古发现的作品中这一规律已被突破。仔细观察，玉飞天作品尚有一个体位朝向的问题需研究。目前发现的几件辽代作品，多为胸前向侧前方，胸下方开始折身，下身呈横躺状，腹部朝上，膝略屈。唐、宋时期的玉飞天，考古发掘中尚未发现，但传世作品中有部分作品，用玉、加工及艺术风格皆唐宋玉器特点。辽、金作品应是唐、宋作品影响下的产物，且唐代文献中亦有关于玉飞天的记载，确定部分传世玉飞天为唐、宋时制造，应是无异议的。

仿制的玉飞天主要产生在近现代，其中一部分为仿唐、宋风格作品，一部分为仿辽、金风格作品。仿唐、宋作品变形，仿辽、金玉飞天则身形不明确。

玉鱼：唐代有鱼袋制度。西安出土有唐代的玻璃鱼，加工中采用了琢制，作品的产生应该同玉鱼的出现有关系。宋、辽、金玉鱼在考古发现中都有出现，特点明确，加工工艺也非常明确，这就给仿制提供了方便。目前市面上见到的仿宋、辽、金、元玉鱼，以下列几种最常见：A.仿宋、元时期的鳜鱼、鳞鱼；B.仿宋、元时期的鲨鱼；C.仿辽代边缘呈直线状的长身鱼；D.仿制的龙首有翅飞鱼、摩羯鱼。仿制作品有几种。一是以图册发表的作品为本，照样仿制；一是略加变化。因唐、宋以后，一件好的玉器设计往往影响很长时间，所以遇到这类作品就需认真分析。一般来说仿制的作品数量应是很多的。对于这一类玉器的鉴别，需认真判断其新旧，并依据佩坠需佩戴的特点看其设计的合理性，对局部过薄、过细的作品列为可疑。

立体的玉件：宋、辽、金、元时期，较多地使用了立体玉件，最常见的是炉顶、帽顶类作品，还有大小不一的各种玉钮。其中又以镂雕玉件最为突出。故宫博物院存有一批宫遗的玉作品，是明、清两代宫廷数百年间收集而来，较有代表性。从这些作品可以看出，辽、金、元时期的作品，图案较密实、紧凑。目前市场上出现的仿制品则图案松散，剔除部分较多。

十四、明清玉器的鉴别

（一）明代玉器的特点及品种

　　明代玉器的数量相当大。从文献可以看出明后期的玉器生产已具有相当的规模。文物市场上的各文物商店，许多博物馆及收藏家的藏品中都有一定数量的明代玉器。图 136、137、138

　　相比较而言，明代玉器的考古发现略显薄弱，在作品的品种、类型方面都不如传世玉器丰富。同时大量传世明代玉器的确认还有待于考古发掘提供依据。

　　明代早期玉器在山东及南京等地的考古发掘中都有发现。

　　山东地区的明太祖第十子鲁王朱檀墓出土了一定数量的玉器（见《文物》１９７２年４期）。主要品种有素面玉圭两件，一为墨玉，一为白玉；玉带饰两副。发掘报告称："玉带以25节组成，带头三节，是用双层透花金片镶托各色宝石

图136　明　荷雁纹玉饰

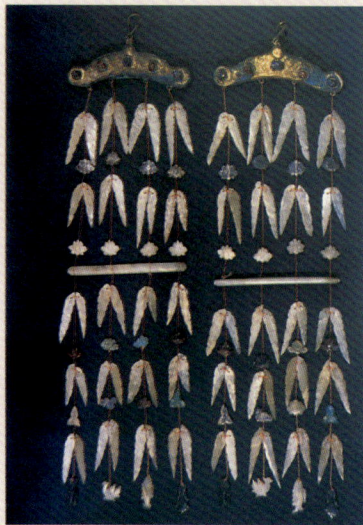

图137　明　玉挂佩

图138　明　金托玉爵

和珍珠，其余各节用金片镶白玉片上透雕成灵芝纹……另一玉带系于朱檀身上，共23节，素面玉片缀在红丝带上。"玉佩两副，"一副刻云龙纹描金，佩下系珩，自珩下系五串玉珠，中间连以瑀琚，下垂玉花、云螭、玉璜。上有玉钩，佩持身之两侧"。另外还有玉砚、玉雕花杯、碧玉笔架、水晶鹿各一。

　　南京地区发现的明早期玉器，以南京市博物馆收藏的汪兴祖墓出土的镂雕云龙纹玉带饰为代表。带饰为好白玉制成，镂雕多层次的云龙纹图案。作品构图细密，有较亮的光泽。

　　传世玉器中有一批带有宣德年款的作品，其中一些作品的年款可以确认为宣德年所刻，作品亦为宣德年制。代表作品为清宫遗存的玉鹘捕鹅头饰（见《故宫博物院藏文物珍品全集·四十一·图208》）。作品为白玉质，色略暗，有苍旧感，月牙形环，其上有鹘捕鹅落于水面。鹘与鹅身饰细致的菱形羽，器表面光泽略弱。与前述南京、山东所出土的部分明早期玉器有所不同。

　　宋、元时期，江南地区制漆业发达，尤其是雕漆业，更注重作品的艺术性创作，形成了特有的风格。这种风格又影响到了明初的工艺制造及雕刻。比照永乐款及宣德款漆器的风格，学界确定了一批玉器作品为明早期制造（见《故宫博物院藏文物珍品全集·四十一》）。这类作品图案凸起但表面较平坦，花瓣及叶较大，布局紧凑而拥挤，作品表面光泽亦不甚强。

以上几组作品使我们对明早期玉器的用玉情况、图案布局、光泽、传承关系有了一定的了解。作品的风格可以分为两种相近的类型。一类为较好的白玉作品，造型浑圆，图案细致，表面光泽略强；另一类玉质略逊，间有青玉、碧玉，造型浑圆，图案略拥挤，光泽又弱。

明代中晚期玉器尚无明显的分界标准。考古发掘到的明代后期玉器已有一定数量，主要在北京地区，江南地区及江西。

北京明定陵出土了较多的玉器，有礼器、酒器及佩玉。江南地区明代玉器出土，主要见于南京及上海地区。江西的明代玉器，以南城县明益宣王朱翊钘夫妇合葬墓出土玉器为代表（见《文物》1982年8期）。另外，故宫博物院藏有较多的传世明代玉器。综合来看，明代中晚期玉器的主要品种及特点如下。

❶ 礼器

明代使用的玉礼器，见于《明史》记载的主要有圭、璧、两圭有邸、琮等器物。"神位祭器玉帛、牲牢祝册之数……玉三等，上帝苍璧，皇帝祇黄琮，太社、太稷两圭有邸，朝日、夕月圭、璧五寸。"（《明史·礼·一》）

璧：定陵出土有直径近10厘米的素璧，可能属宫廷所用的苍璧。明代玉器中大乳钉纹使用得较多，传世玉器中亦有乳钉纹璧或蒲纹璧。另外，根据明代螭纹的特点，可以确定一批传世的螭纹璧为明代作品。同元代流行的螭纹相比较，明代的螭纹颈部略短粗，头部更具有兽面纹的特征，结构较复杂，且较宽。一些简化了的螭纹同元代螭纹亦有明显区别。元代螭纹的头部接近于壁虎或其他爬行类小动物，明代简化了的螭纹头部更接近于猫。

圭：定陵出土了多件玉圭，白玉制成，作品厚薄均匀，棱线平直，表现出很高的加工技术。圭的形状为长方形，上端凸起圭角，如同《明史·礼》所言：剡上方下。圭的表面或素，或饰凸起的棱线，或阴线饿金山岳图形。不同装饰的圭，有不同的用法。江西南城县的明代墓葬中出土了饰有大乳钉纹的圭，表明了大乳钉纹在明代玉器上的使用情况。这种乳钉纹往往呈横行及斜形排列，乳钉间以阴线剔地，又以同样直径的圆形管钻将乳钉套磨成形。这种装饰在明代的其他玉器上也经常使用。明代嘉靖、万历时期的雕漆作品中，较多地出现了海水江崖纹饰。这类漆器带有款识，时代准确。同漆器相比较，传世玉器中也有许多带有类似装饰的玉圭，应属明代作品。

两圭有邸：宋人著《三礼图》，将圭有邸绘为圭、璧重合之图案。《明史》记两圭有邸，按《三礼图》体系，应为两圭与一璧的重合，实物现在尚未发现。故宫博物院藏有三圭与璧重合之玉器，璧上有大乳钉纹，应为明代作品。

琮：目前尚不能确认明代使用的琮为何种形状。有可能明代宫廷按照《三礼图》的解释将琮制成了片状，但符合外方内圆规则的片状。明代礼器目前也不能确认。

❷ 佩玉

明代有服饰用玉制度，也有非制度化的佩玉。

组佩：定陵出土玉佩中有两种组佩。第一种为上中下三件较大的云头式玉片，其间有串珠并方形、月牙形小玉件，应为《明史·车服》所记"皇帝常服……玉佩二，各用珩一瑀一、琚二、璜二、冲牙一……"。类似的组佩在江西明益宣王墓也有出土，其上小玉件的数量略少，云形玉片也是用汉代的旧玉璧改制。定陵出土的第二种组佩，上端有横向的铜鎏金梁，下悬叶形玉片及小玉件，其间又有一横梁。同样的组佩清宫造玉中也有，挂起后略有摇动便声音不断（见《中国玉器全集·五》）。

玉带：明代玉带上的嵌饰多为二十片一组，其中两片铊尾，四片长条板，六片桃式板，方板与长方板共八片。但也有变化。江西明益宣王墓出土的一套带板近似于瓜式，有些玉板的下面带有铐环，仅见十六片，西安文物局藏明代菱形玉带板，形若菱花。带板嵌玉有透雕、浮雕纹饰、光素三种，另外还有一些边长仅三四厘米的小带板。小带板多为素板，间有玛瑙、玻璃制品。数量最多、最常见的玉带板为透雕板，有龙纹、缠莲纹、花鸟、麒麟、人物、树鹿等多种纹样。常见作品多为白玉，个别有青玉、碧玉作品。多数作品有光泽，似玻璃光。图案雕为二层，下层为缠莲或锦纹底子，上层雕主图案，主图案表面磨平。

带钩、钩环、带扣、铐环：是明代用于革带上的各种玉带饰。带钩以龙首钩、螭腹钩，小带钩最为常见。龙首钩以定陵出土嵌宝石龙首带钩为代表。该带钩龙首较宽，眼圈呈圆凹状，钩颈较厚，钩腹略宽，嵌宝石。螭腹钩的钩腹雕螭，钩腹与螭腹间透空，钩头则为龙首或带角的兽面。小带钩较短，钩身较厚，多为鸟首钩或兽首钩。与带钩配套使用的钩环，延续了宋、元玉钩环的风格，呈较大的椭圆形，镂空，一侧有孔洞可搭钩，另一侧可系绦带。镂雕图案往往与带板图案题材近似。带扣往往为雕有图案的玉板，背面有双纽，可系带。有些带扣呈合页状，面板可折合。铐环是带板下端带的系环。明带的铐环一般都与带板联体，可活动的环一般为清代作品。

帽花、领花、搭扣：是缝缀于衣帽上的玉饰。帽花又称为帽正，缀于帽前正中，多饰花瓣纹，圆形或方形。领花、搭扣是缀于上衣的玉饰，有的还呈纽与扣的组合。

头簪、发冠：是用于头部的玉饰。明代这类作品很多，很多玉饰为金、银头簪的嵌件，方形或三瓣状，镂雕图案，也有的为玉花朵，嵌于头簪上。上海、无锡等地都有明代玉头簪出土，多呈长钉状，一端略尖，另一端较粗，有一个蘑菇头状的簪帽。发冠或曰束发，为较大的立体玉件，内空，有孔，可插簪固定于发际。

坠饰：可穿绳系挂的玉件，用于人身、衣带或扇柄，造型或为人物、动物，或为雕花牌，多种多样。

❸ 玉器皿、摆件、文具

定陵的发掘品中有较多的玉器皿，其中执壶、爵杯、金托玉碗，玉盂都非常精致，还有大量的嵌玉金器。**图 139~145** 北京和其他地区的明代墓葬中也有明代玉器皿出土，这些说明明代玉器皿被更广泛地使用。考古发掘之外的明代玉器皿数量更大，这些作品流传于世，在藏家、博物馆及文物商店的藏品中多有所见。

鼎彝类：明代铜器以宣德彝器最为著名。其造型又见于明代珐琅器、瓷器，但明代玉鼎彝中仅有个别作品有宣德铜器的风格。现存的被学界确认的明代玉鼎彝总体上是以仿古彝的面目出现，与已知的宋、元玉鼎彝相比较，它们的风格更为接近，因而其中应杂有宋、元玉器而未被确认。被确认为明代的作品主要有：1.壶。细颈广腹，两侧或有耳，饰似蕉叶的变形蝉纹或兽面纹。

图139 明 玉辟邪式炉

图140 明早期 花形玉杯

图141 明 兽面纹双筒式玉杯

图142 明 蟠螭兽面柄玉杯

图143 明 辟邪式玉执壶

图144 明 "寿"字荷花纹玉壶

图145 明 仿古玉樽

2.觚。多为方形截面，个别的为椭圆截面。分为上中下三部分。上部为长颈，下部为高足，饰阴线蕉叶纹（或曰变形蝉纹），中部呈凸起的鼓式，饰兽面纹，兽面简练，多阴线。口沿及足沿有回纹。3.炉。主要为仿古玉簋，多为圆形，凸腹，撇口，口下微内收，两侧为夔式耳或兽吞式耳，腹部饰阴线大兽面纹，颈部有凸起的小兽面。无盖，口沿呈刃状，不设子口。4.匜式杯。明代的仿古匜式杯很多，有的窄而高，有的宽而矮，有的有盖，一般都较扁，一侧为侧凸的流口，另一侧为夔式柄，少数为螭式柄，匜腹多有装饰。还有一些作品略有变形，或为仿古爵杯，或为仿古觯。5.角形杯。西汉南越王墓出土了玉角形杯，表明了角形杯在战国时期及汉代的流行趋势。清宫遗有一批仿汉玉角形杯，玉材青灰，饰钩云纹，作品绝非清代仿古之作，其中一些还带有乾隆题诗。文物工作者将这类作品的制造时间上推至明代。

杯、盏、碗： 宋、元时期，花卉杯、瓜果形杯大量出现，考古发掘中亦发现有玉制作品。这类作品造型简练，杯体优美，并以少量枝叶为杯柄、杯足。与宋、元作品相比较，明代花卉杯则显得繁琐，作品整体体积较大，中部为杯身、较小，四周镂雕缠枝，镂空时进行了较多的剔除，枝叶间有空间。个别部位闪出杯口，以便使用。明代玉器中还有双耳杯、单柄杯、无柄杯。双耳杯多见夔式耳或双兽耳，杯身较高者杯口沿呈刃状，杯身矮者口沿略平。杯身之外多饰乳钉纹、花卉纹，个别的饰山水人物纹。杯小者为盏，一些明代的杯盏带有托盘。同清代盏盘相比，明代作品平且薄，盘内浮雕图案，多数图案表面较平，有剔地浮雕的感觉。托盘的形状，以长方形委角、椭圆形、海棠式最为常见。定陵出土了明代的金托玉碗，玉质白而纯净，厚薄均匀，具有较好的加工工艺。碗为直口，应为明代晚期玉碗的造型。故宫藏有明代的撇口碗，碗的外壁饰有浅浮雕的花卉纹或云龙纹。

执壶： 定陵出土了明代玉执壶，壶腹似桃，其上直壁高颈，夔式柄。这类玉执壶散见于各博物馆。除此之外，明代的玉执壶还有三种常见的类型。一为上宽下窄形，壶体较高，上部粗大而下部较细，底部有圈足。一为方壶，传世的明代紫砂壶中就有方壶。依其造型特点类比，可确定传世玉执壶。这类方壶一般较矮，上部宽，夔式柄，边沿处多内凹，外侧有浅浮雕饰纹。三为矮圆壶，1962年北京小西天曾有出土（《中国玉器全集·五·图304》），壶为坡肩，肩上饰凸起的小兽面，龙型柄，壶腹有浅浮雕的螭、鹤纹。

摆件： 是专门用于陈设用的器物。明代已有较多的玉制品，常见的有山子、花插、插屏。

文具：常见的明代玉文具有砚滴、砚、笔山、玉管毛笔、镇纸。砚滴有卧兽型、卧鸟型、八方形或其他形，中空，上部有口，口中插入空管式滴柱。玉砚在明初朱檀墓已有出土，长方形，较薄。传世玉器中亦有作品，皆呈较薄的片状，砚池处琢纹饰，砚堂较浅。明代的玉笔架多为山形，以三峰为常见。故宫博物院藏有宫遗螭纹玉管毛笔，从螭的形状判断，作品为明代制造。

❹ 人物、动物

考古发现的明代玉人多为小件作品，青玉或白玉制成。典型作品有江西南城朱祐槟墓出土小玉人，上海陆氏墓出土玉童、玉观音，北京定陵出土玉佛像（《中国玉器全集·五·图217、图221、图223、图277）。前一件作品服饰较简单，细袖、肥衣、裤。后三件作品衣着较复杂，略呈飘动状。几件玉人的五官皆以阴线表示，个别作品鼻部隆起，头与颈之间以横向的弧线分界，衣褶简练，且以直线表示，少量的弧形衣纹也似以短线连接而成。这些特点在传世的明代玉器上也有明显的表现。一些人物的头与颈的分界是以自人两肩向下的角形阴线界出，尤其是一些带有胡须的人物。个别人物作品的衣纹采用了弧线或"S"形线，且有较大的凸凹变化。

明代玉雕动物的种类很多，且非常不易确认，但也有很多作品艺术风格非常明确，且有考古发掘作品为依据。常见的明代动物类玉器有蜂、蝉、蝶类，鸟类，龙、螭、麒麟类，异兽类，畜类，一般动物类。

蜂、蝉、蝶类小虫：宋、元玉器中就有出现，延续至清代，无定式。但宋、元作品自有古朴之意，清代作品较接近于真实，装饰或复杂，或多弧线纹。相比之下，明代作品的简练与直线装饰风格很明显。另外，定陵出土的玉挂饰上有多个小玉蝉，其形似蜂，圆形翅端与仿汉风格的玉蝉完全不同。

鸟：典型的明代鸟纹玉器有两件。一为故宫博物院藏宣德款玉头饰。一为无锡博物馆藏明墓出土鸟纹玉佩（《古玉精华》）。作品羽翅的外形方硬，羽毛则多为直线，旁有细密的短斜线表示。

龙、螭、麒麟：此类明代玉器的代表性作品很多，特点明确。作品一般头型较接近兽面，发前冲，身上或有网状鳞，腿部或有火焰状饰纹。明代玉器上还较多地出现了夔龙装饰。

异兽：明代异兽类作品很多，如兽型器物纽、柄，异兽型砚滴，立体小兽等。

明代异兽头与身形略方，多数作品头呈立方体，鼻、眼、耳集于上平面，尾端呈三股状。兽眼往往用管钻钻成凹下的圆环。

（二）清代玉器

清王朝立国经历几代便进入了康乾盛世。康熙年间，在农业经济强势发展的推动下，工艺制品的生产也出现了巨大的发展，这一时期的瓷器、金属器、珐琅器、玻璃器皆以崭新的面貌出现在人们面前。今天的研究者及收藏者对于康熙年间上述工艺制品的生产情况及产品研究明确、认识清楚。与之相比较，今日的学界，对康熙年间玉器的生产及产品情况的研究却略显薄弱，目前已被确定了的康熙朝制玉数量还很小。

图 146

典型的康熙朝治玉有下列几组类型。1.北京小西天师范大学工地出土的白玉鸡心佩、碧玉鸡心佩（《中国玉器全集·六》）。同样的作品在清宫遗玉中亦有，作品为片状，较平，表面雕流云、蝙蝠、鸳鸯、螭等纹饰。佩的整体形状仿汉代作品，但边沿镂雕纹饰独具特征。从这两件玉鸡心佩上可以看出康熙朝玉器的用玉、光泽及纹样特点。2.故宫博物院藏康熙年制玉管珐琅斗大笔（于珐琅馆展出）。笔管白玉制，浮雕螭龙、云纹。纹饰的起凸较一般明代玉器上的浅浮雕纹饰要高，表面有较强

图146　清　仿古"宜子孙"璧

的玻璃光。3.故宫博物院收藏的康熙年制白玉砚盒。盒中贮有"康熙年制"款松花石砚。砚盒饰有凸雕诗句及夔纹，表面有较强的玻璃光泽。4.清宫遗玉中有一批螭柄觥、附螭瓠，作品较一般明代作品用玉略好，做工略精，有学者认为应属康熙朝作品。

　　清宫遗玉中存有带雍正年款的玉器、玛瑙器，多为小件杯、洗。其中有一件仿古辘轳环，玉经处理，呈漆黑色，其上凸起谷纹，内外环相连处饰一小蝙蝠。这件作品表明雍正朝宫廷玉器制造中出现了经做旧处理的仿古玉器。故宫博物院藏有一组画像，十二幅，绘十二位仕女，专家研究认定为雍正十二妃。人物背景多为宫室角隅，有桌、几陈设。其间多宝格中设有白玉四管式炉等作品，从绘图上看作品精致异常，过去的宫廷文物研究者皆把这类作品视为乾隆朝制造。如画像确系雍正十二妃，则康雍时期，宫廷已进行了不同于明代作品的宫廷高档玉陈设品的制造。

　　清代宫廷玉器的高潮出现在乾隆时期，这一高潮一直延续到嘉庆初年。顺治年间，清宫内务府已设立造办处。初在养心殿造办活计，康熙三十年十月移出在慈宁宫茶膳房做造办处，"掌成造诸器用之物"（见《清宫述闻·卷三》）。宫廷所用玉器，一则取自地方的贡入，一则为造办处组织制造。乾隆年间平定了新疆地区的动乱，新疆玉料大量贡入宫廷。此时宫廷对玉料的使用进行了严格的控制，同时也对全国各地的制玉业进行了有效的控制。造办处分派活计，各地作坊为其效力。造办处档案记，乾隆时期制作玉器的，除造办处如意馆之外，尚有苏州、杭州、江宁、淮关、长芦、九江、凤阳等地的玉坊。乾隆朝宫廷组织制造的玉器上多带有制造年款，这就为我们了解乾隆朝玉器的用玉、品种、制造特点提供了可靠的依据，而这些风格特点又延续到嘉庆时期。

　　在用玉方面，乾隆时期大量进行了山料玉的开采，开采的玉矿又以青玉、碧玉为主。这类青玉同明代所使用的青玉有别。明代用青玉多呈灰暗色，清代用玉则近于青白色。有些玉材较白玉略青，有的被藏者称为青白玉，有的被冒称白玉。且青玉中的色差较多，由浅而深分为不同色阶。碧玉或称绿玉，色差也较多，深色者如墨绿，中色者如菠菜叶，浅者接近于翠绿。中色与浅色碧玉中往往带有黑斑，金属块斑。其中又有异色者，色碧且偏青，盖为古书所言靛色玉。此类玉中又常杂有白斑块，极似古旧玉中的质变色。青玉、碧玉间又有新疆玛纳斯玉，青碧色，有较高的透明度。白玉作品中大件较少，多为小件玉佩，玉料应为河中所捞。档案记载，乾隆初年，曾将明宫遗玉带板改制玉佩，因而尺度受到了限制。乾隆白玉制品中所用白玉的玉色也呈多样化。乾隆朝玉器中墨玉、黄玉的使用也较历代为多。

乾隆朝玉器制造中大量使用了染色工艺，许多作品的绺裂处、玉质瑕斑处进行了烤色，或黄，或褐，独具特色，个别传世的白玉作品也被染了旧色，使其更显古旧。

这一时期的玉器在加工工艺上及纹饰风格上都有明显的特点，不同于宋、明时期玉器的风格。加工风格主要表现在钻孔、线条边沿的处理、底子的平整处理、光泽的处理等方面。在这几个方面虽然存在着制玉地区的不同，宫廷玉器与民间玉器的不同，精工艺品与粗工坊作的不同，但工艺技术水平的追求及工艺档次的划分标准是趋向一致的。玉器的钻孔普遍应用管钻技术，追求孔形的规整，孔壁的平滑。凸雕或浮雕高点不在一个平面上，分出几个层次。图案的边沿及线条的边棱有明显的边锋，锋线准确。图案之外的底子较平整，尽量减少浪状砣痕。光泽则以蜡样光泽为主。在设计装饰纹样时，注意其文化内涵，取雅避俗，较前朝作品构图略繁，线条略细。

附　历代玉器典型作品花纹拓片

一、新石器时代玉器纹饰

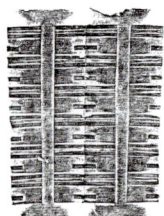

1. 良渚文化
常州寺墩出土玉琮

2. 良渚文化
常州寺墩出土玉琮

3. 良渚文化　常州寺墩出土玉琮

4. 龙山文化
玉圭

5. 石家河文化
玉人

6. 石家河文化
玉人

7. 石家河文化
鹰攫人首玉佩

8. 红山文化
蛙形玉片

二、商代玉器纹饰

9．玉鹰

10．玉龙

11．玉龙

12．玉龙

13．玉龙

14．玉兔

15．玉鱼

16．玉鱼

17．玉鱼

18．玉璇玑

19．玉鸟

20．"木侯"玉柄

21．玉柄形器

三、西周玉器纹饰

22. 龙纹玉璜

24. 龙纹玉璜

23. 鸟纹玉柄形器

25. 龙纹玉片

26. 玉片饰

27. 龙纹玉环

28. 龙纹玉玦

四、春秋玉器纹饰

29. 龙首玉冲牙
山东沂水出土

30. 鸟首玉冲牙
山东沂水出土

31. 虎形玉片
山东沂水出土

32. 玉环
山东沂水出土

33. 玉柄形器
山东沂水出土

34～38. 兽面纹玉片
山东沂水出土

39～41. 龙纹玉片　山东沂水出土

42. 鸟纹玉片
山东沂水出土

43. 玉璇玑
山东沂水出土

44. 玉剑首
江苏程桥镇出土

45. 雷纹玉剑首

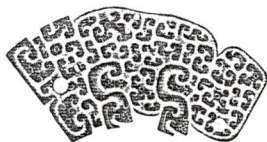

46. 虎形玉片

47～50．龙首玉璜

51～52．玉觿

53．龙形佩

54．玉玦

56．小玉璧

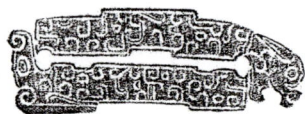

55．龙形佩

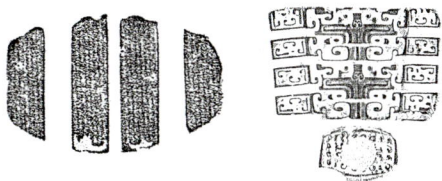

57. 兽面玉剑首正、侧、上、下面

58. 玉玦

五、战国玉器纹饰

59. 兽面纹玉琮　湖北随县曾侯乙墓出土

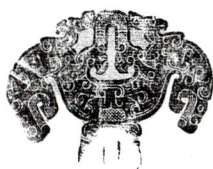

60. 玉饰
湖北随县曾侯乙墓出土

64. 云纹玉环
湖北随县曾侯乙墓出土

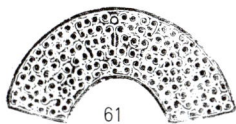

61

62

63-1(正)

63-2(反)

61—63. 谷纹玉璜　湖北随县曾侯乙墓出土

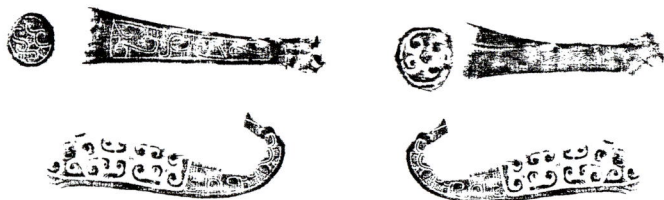

65～68．玉带钩　湖北随县曾侯乙墓出土

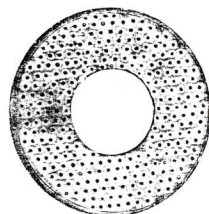

69．云纹玉管

70．谷纹璧

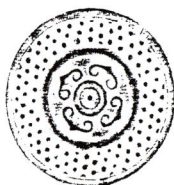

71．玻璃剑首
长沙出土

72．玻璃剑璲　长沙出土

73．玻璃剑璲　长沙出土

74．玉镯边带纹　曾侯乙墓出土

75. 谷纹玉璜
湖北孔望山战国墓出土

76. 谷纹玉龙
湖北孔望山战国墓出土

77. 谷纹玉剑首
湖北孔望山战国墓出土

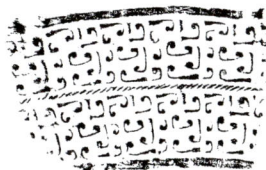

78～82. 战国玉器花纹
山东临淄郎家庄战国墓出土

83. 龙虎纹玉饰

84. 谷纹玉龙

85. 谷纹玉龙

86. 龙形玉饰

六、汉代玉器纹饰

87. 龙形玉佩
江苏盱眙出土

88. 玉蝉
江苏盱眙出土

89. 玉剑珌
江西汉墓出土

91. 玉剑首（正、背面） 江西汉墓出土

90. 玉舞人 江西汉墓出土

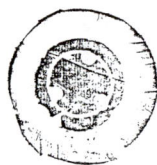

92. 玉韘 南京小龟山出土

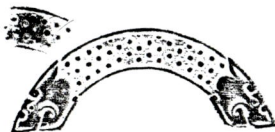

93. 玉觿　南京小龟山出土

94. 玉龙首璜　南京小龟山出土

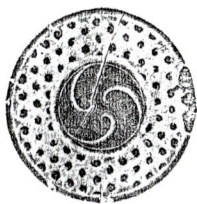
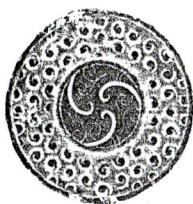

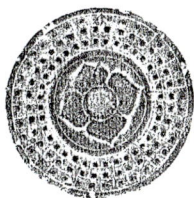

95～99. 涡纹、柿蒂纹玉剑首

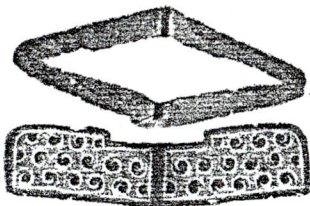

100. 谷纹剑格

101～102. 兽面纹剑格

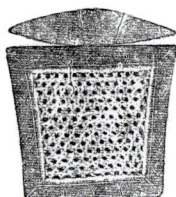

103～105．玉剑珌

107～110．玉剑璏 纹饰

106．兽面云纹玉剑璏

111．龙纹玉璜

112．玉蝉

113～115．螭纹玉佩

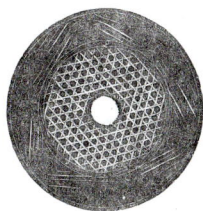
116. 鸟纹玉璧

117. 谷纹玉璧

118. 谷纹璜

七、唐代玉器纹饰

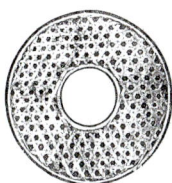
119. 玉璧（正、反两面）

120. 玉飞天

121～122. 玉梳背

123-1. 玉带人物纹

123-2. 兽面纹玉饰

124. 螭纹玉饰　　　　　　125. 鸟纹玉饰

八、宋代玉器纹饰

126～131. 螭纹玉饰

132.仿古兽面纹剑珌

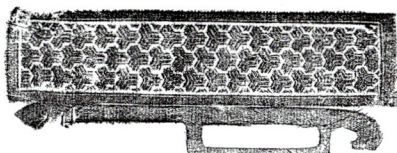

133.玉剑璏　（正、侧面）

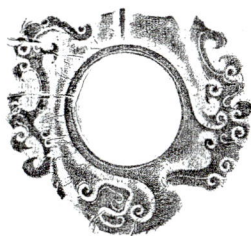

134.仿古锞形佩

135.英雄纹带钩

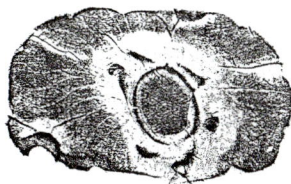

136.龟巢纹带饰　四川广汉窖藏

137.螭龙纹带扣　四川广汉窖藏

138.牡丹纹玉片　四川广汉窖藏

139. 牡丹纹玉片　四川广汉窖藏

141. 双鹰纹玉牌
四川广汉窖藏

143. 童子戏莲
四川广汉窖藏

140. 云纹玉坠　四川广汉窖藏

144. 鹿首玉带钩　四川广汉窖藏

142. 白玉双童荷叶（正反）　四川广汉窖藏

145. 双鸭荷叶坠（正反）
四川广汉窖藏

146. 云、日纹坠
四川广汉窖藏

147～150. 玉雕童子

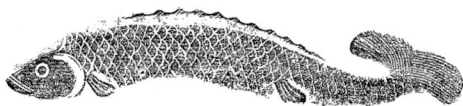

151～152. 鱼形带钩

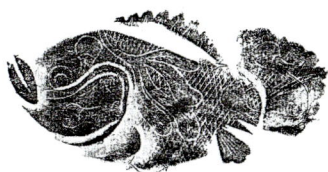

153. 玉鱼

154. 鹿纹带饰

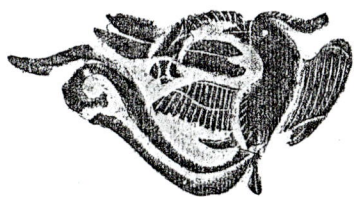

155. 绶带鸟、蜻蜓

156. 鸟纹鸡心佩

157. 鸟纹玉佩

158. 玉鱼

159—161．玉水草、鱼佩

162．双鹿坠

163．鹿踏荷叶

164～165．兽面纹玉坠

166．玉鹰

167．仿古纹玉残片

168．螭纹玉饰

169．仿古勾云纹

170. 仿古兽面纹　　　　171. 透雕玉纹盘带　　　　172. 玉双童

173～178. 龙纹玉带饰

179-1. 三狮纹玉饰　　　　179-2、3. 虎纹玉饰　　元代

180. 大小双狮玉饰　　　　181. 鱼龙纹玉饰　　　　182. 鹿纹玉佩

183. 花形玉件　　　　　184. 玉杯上的礼乐图

185. 玉杯上的礼乐图　　　　186. 兽面纹玉饰

187. 兽面纹、云纹玉璧　　　　188. 兽面纹、夔纹玉饰

189. 玉杯上的卷草纹、螭纹

190. 兽面纹玉饰

九、明代玉器纹饰

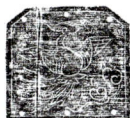

191. 玉佩　江西新余张椿墓出土

192. 玉带　江西南城明益宣王之孙妃墓出土

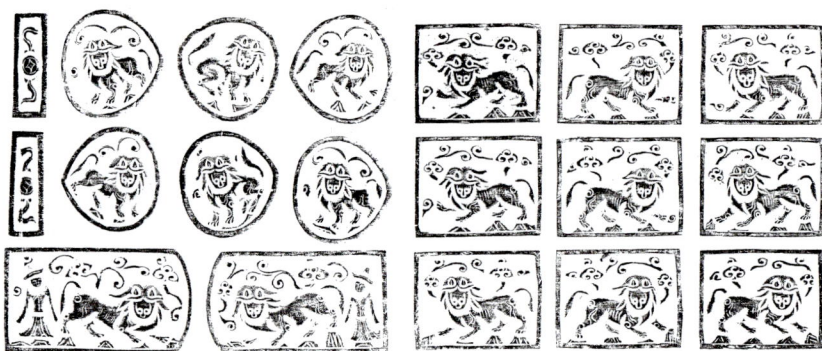

193. 玉带板　江西明墓出土

194. 狮纹玉带板一套　江西明墓出土

195. 玉饰　透雕万寿龙纹

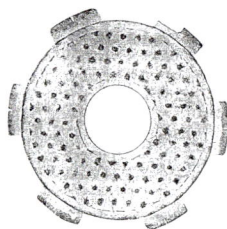

196. 仿古玉璇玑

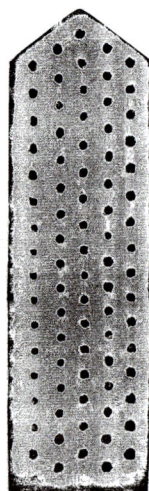

199. 人牵骆驼带饰

197. 玉圭

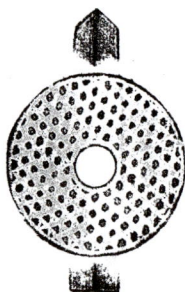

198. 玉圭璧有邸

200. 玉鱼

十、清代玉器纹饰

201．渔樵纹玉牌

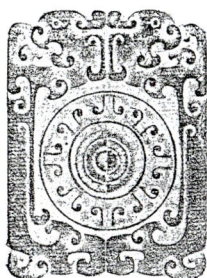

202．玉饰

203．仿古玉饰

204．兽面蝉纹玉斧

205．"天圣年制"仿古玉佩

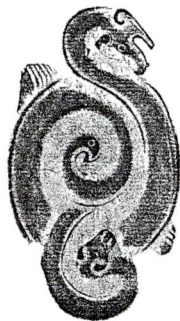

206．蟠龙玉佩

207．"保合太和"玉佩（合符）

208．夔龙玉佩

209. 云纹玉斧　　210. 兽面纹玉斧　　211. 兽面纹仿古玉斧　　212. 仿古玉凤

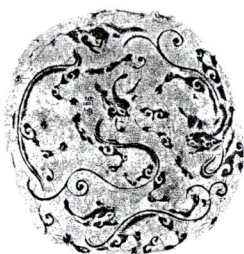

213. "尚均"螭纹饰　　　214. "天字一号"仿古玉斧

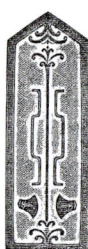

215. 仿古玉圭一组（正、背面）

后记

　　近几年，全国各地的朋友寄来照片，请我鉴别玉器。其中真玉、仿古玉器皆有，而仿古者为多。我不便扫人之兴，故伪品多未回信，拟写书略谈真、伪之争，与方家商讨。适逢辽宁人民出版社那荣利先生邀我编写这本小书，于是我方正式开始了本书的写作。撰稿期间，那先生多次来京指导，为本书的编写提出了宝贵意见，大连邢开仁先生也为本书提供了相关的资料与照片，藉此深表谢意。书中所言，属个人经验之谈，不当之处，在所难免。一因吾所知浅显，一因杂事颇多，未能静心于事，恳请各位方家批评指教。又明、清玉器鉴定，内容丰富，友人建议进行专门研究，因而此类内容待有了研究成果之后，拟另集成册，续后再编，以满足各位朋友的需要。

张广文